ラクに、すっきり、自分らしく

大人の小さなひとり暮らし

MY LITTLE HOME

coyuki

はじめに

若い頃に自分が思い描いた通りの40代になれた人って、
いったいどれくらい、いるのでしょうか？
私は今、20代の頃には想像もしていなかった40代を過ごしています。
学校の成績は中の下、運動オンチに味オンチ、特別な能力もなく、
履歴書の特技欄では必ずペンが止まる…。
そんな私が成長し、夢見たのは、日常のささやかな出来事が話題になる、
「サザエさんの家のように、ほのぼのとした家庭をつくる」こと。
小さな理想だけを抱えて、結婚しました。
けれど自分が思い描いていた通りの道を歩くことの難しさと、
現実の厳しさを思い知らされることとなりました。
振り返ればいいことも悪いことも、楽しいことも大変なことも、
そのすべてが〝今の私〟にとって必要な経験だったと思えます。
そして大人のひとり暮らしを始めたばかりの私。

憧れていた「サザエさんの家のような生活」と、今の生活。
形としては、ずいぶんと違ってしまいましたが、
力みすぎず、でも緩みすぎず。これまでの人生の中で最も
「私が私らしくいられる」環境をつくれていると思っています。
目を見張るような美しい収納があるわけではありません。
みなさんが驚くような、家事のスゴ技を持っているわけでもありません。
ささやかだけれど、私自身がラクだと思えることを繰り返している毎日です。
芸能人でもない、アスリートでもない、
ましてやアーティストでもない、ふつうの私のふつうの暮らし。
「お隣さんはどんなふうにしているの?」くらいの
気軽な気持ちで、のぞいてみていただければと思っています。
いつもの部屋も、いつもと変わらない日常も、
ほんの少し角度を変えれば　なんだかリズミカルで快適になる。
この本を手に取ってくださったあなたの暮らしがより心地よくなるヒントを、
この本の中からひとつでも見つけていただけたら、幸いです。

coyuki

MY LITTLE HOME

ラクに、すっきり、自分らしく
大人の小さなひとり暮らし

CONTENTS

はじめに 002

CHAPTER 1 来客仕様のワンルーム 006

47歳。ワンルームではじめてのひとり暮らし 008

[LIVING ROOM] 厳選した家具だけですっきりと居心地よく 010

[ENTRANCE] 固定観念を捨てて、幅広いアイテムの収納場所として大活用 020

[LAUNDRY] どうしても来客の目に触れるので、できるだけシンプルに 026

COLUMN 1 変わらず、大切なものたち 031

[BATHROOM] 自分の使いやすさ、掃除しやすさを追求したもの選び 032

いい道具を使って、ためずにササッと。大人のラク掃除 040

COLUMN 2 すべる・すべらない問題 052

053 CHAPTER 2 小さなキッチンとのんびりひとりごはん

054 見た目も使い勝手も、私仕様の小さなキッチン

074 体にいい、よりも「おいしい」という気持ちを大切に

084 COLUMN 3 大活躍！ ニトリの便利グッズ

085 CHAPTER 3 大人のおしゃれと健康管理

086 洋服は試行錯誤中。やっと楽しくなってきた

098 スキンケアもメイクもシンプルが自分に合っている

107 CHAPTER 4 働くこと、これからのこと

108 好きなことが仕事になりました

116 母の死をきっかけに、これからのことを考えました

126 おわりに

1 来客仕様のワンルーム

MY LITTLE HOME
ONEROOM

玄関からまっすぐ入った突き当たりに、ひとつだけ部屋のある暮らし。たったひとつの部屋だからこそ、自分にとっても訪れてくれる人にとっても、居心地のいい空間にしたい。「シンプル、ナチュラル、風通しのいい暮らし」をめざしています。

47歳。ワンルームではじめてのひとり暮らし

シングルマザーになった2004年、娘と実家に身を寄せました。
けれど2年後には2DKの賃貸マンションへお引っ越し。
娘とふたりの生活が始まりました。
さらにその後、3回の引っ越しをしたのですが、すべて間取りは2DK。
そして娘の就職を機に選んだ2LDKで3年ほど暮らし、
ここで落ち着くかと思っていたのですが、昨春47歳にして
ワンルームで人生初のひとり暮らしをスタート!
結論を先に言ってしまいますが、すご〜く快適です。
なんといっても小回りがきくのが一番のメリット。
扉を開閉する回数が断然減ったし、まっすぐ歩けば
目的地に到着する、必要なものがサッと出し入れできる。

この〝一直線の動き〟がたまらなく快感、快適です。
2LDKからワンルームに移ることを見越して、ものはかなり整理しました。
私は自称シンプリストです。
ものも考え方も、量というよりはそれらを簡素に
単純明快に、わかりやすくするというライフスタイルです。
今の私にとって必要な道具のみを持ち、
適度な量の好きなものに囲まれて暮らすのが私流。
とはいえ、家族や友人が遊びに来ることもあるし、
お片づけセミナーなどでお会いした方から「お部屋を見たい」と
リクエストされることも。だから自分はもちろん、
お客さまにとっても心地いい場所にしたかったので、
いつでも来客OK、来客仕様にもできるワンルームがキーワード。
大人のひとり暮らしだからこそのラク&快適な生活をしつつも、
「シーンに合わせ、部屋の状況を自在に変化させたい」、
「ワンルームだけれど、寝室や別の部屋があるように使いたい」、
それが、私らしい大人のひとり暮らしの楽しみ方です。

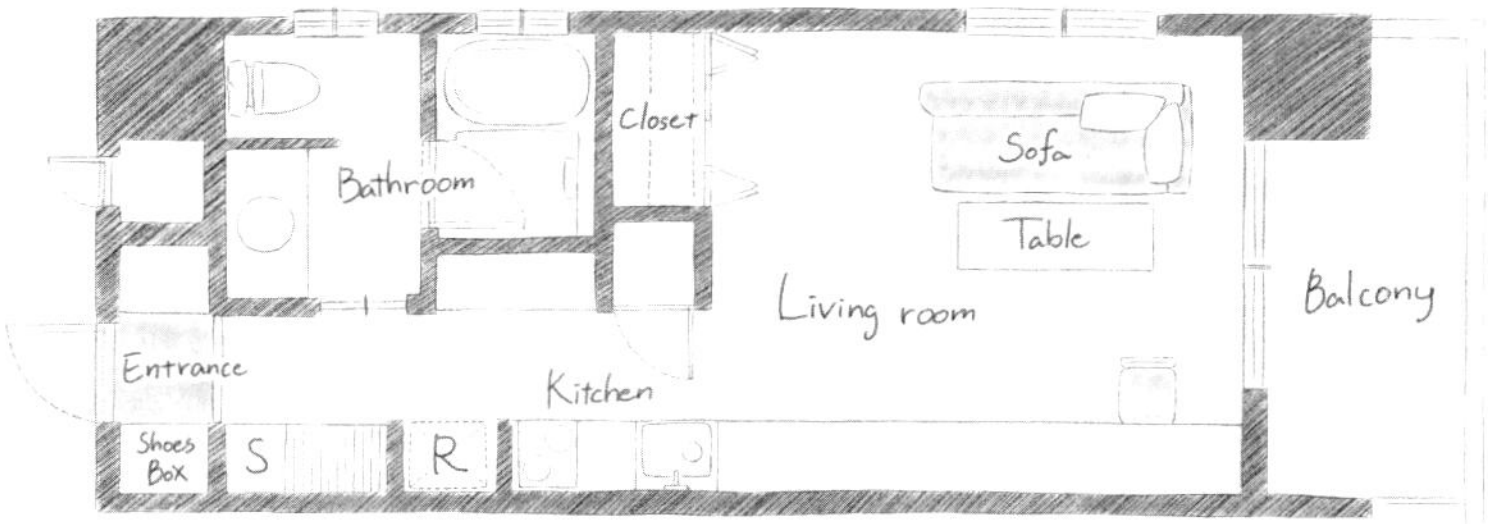

LIVING ROOM

リビング

LIVING ROOM – 01

厳選した家具だけですっきりと居心地よく

床にはものを置かず、家具も必要最低限。ソファにメインテーブル、サイドテーブル、そして椅子。この写真1枚に、私の持っている家具のすべてが写っています。何も置かれていない床は私にとって、テンポよく一日をスタートさせるスイッチ。朝起きて、このガランとした床が見えると、自然に掃除用のワイパーに手が伸びるのです。

ありがたいことに、このリビングの片側の壁面にはカウンターテーブルが備え付けられています。なので仕事用のテーブルを買い足さなくても、広いパソコンスペースが確保できました。

ベランダから、そしてカウンターとは逆サイドの窓からたっぷりの光が入り、さわやかな風が通り抜ける、居心地のいい空間です。

LIVING ROOM – 02

オーダーメイドのデイベッド

かれこれ20年近くセミダブルのベッドを愛用していました。でもワンルームにセミダブルのベッドは存在感ありすぎ！　この部屋での睡眠環境をどうしたものかと悩んでいたところ、空間コーディネートの相談をしていたショップのSTROLLからデイベッドというソファを提案してもらい、オーダーしました（そのために1年間貯金！）。大人ひとりが横になれるサイズで座面は布製、テーブルに合わせてお願いしたウォールナットの先すぼみの角脚もお気に入りです。

デイベッドとはいえ、365日ここで寝るのはちょっと……。そこでセミダブルのマットレスも愛用（14ページ参照）。

テーブルはKURASUにてオーダーしたものです。

このボックスの取り出し口は絶妙な斜め角度。ティッシュが引き出しやすく、裏にリモコンが置けるスペースまであって、ものすごく優秀です。

LIVING ROOM - 03

テーブルにはティッシュボックスひとつだけ

お客さまが来ると、ダイニングテーブル代わりになるシンプルなウォールナットのテーブル。その上にあるのはイケアのテーブルランナーとティッシュボックス（楽天で購入）のみ。床同様、基本的にテーブルの上も、ものは少なめです。

外から帰ってきて、このすっきりしたリビングが見えた瞬間から、全身がリラックスするのを感じます。テーブルに何も置かないのは、いつ来客があってもいいようにという意味もあるけれど、何より自分にとって、この部屋をいつもラクに快適に過ごせる場所にしておきたいから。これは私が私自身を大切に扱っていることのひとつ。こんなふうに思えるようになったのも、忙しさに追われる日々がようやく落ち着いてきたからかも。

LIVING ROOM – 04

収納家具はサイドテーブルひとつだけ

中に入っているのはアロマオイル、オイルをたくときに使うキャンドルやライター。1カ所にまとめておくとサッと出してすぐに気分転換できます。その他、マスキングテープ、ソーイングセット、ラベル作りの道具などこまごまとしたものたちも入っています。

この部屋には玄関の左右、キッチンの通路をはさんだ壁側、クローゼットと造り付けの収納スペースが充実していて、とても便利。おかげで収納家具は、以前から使っているこのスライド式サイドテーブル（幅43×奥行き43×高さ59㎝）のみです。

テーブル部分をスライドさせると、かなり深さのある収納スペースが登場！ 深さを生かして、暮らしを楽しむ小さな雑貨や、こまごまとしたものを入れています。

テーブル部分はクルッと回せるのでものを置いたまま開けられるのがとても便利。アロマポットはソファの相談をしたSTROLLでひと目惚れしたもの。その日は在庫がなかったので、入荷を待って買ったほど惚れ込んだものです。

LIVING ROOM – 05

こたつ代わりの電気毛布に癒されて

小さな頃からこたつ好き。こたつにもぐり、そのまま寝てしまうのが冬の醍醐味と思うほど大好きなアイテムでした。でも2016年の冬に電気掛け敷き毛布を買って、こたつを卒業。

電気掛け敷き毛布の体をほんわかと包んでくれる温かさ、癒されます。それに使わないときは、コンパクトに片づけられるのもうれしい。テレビを観るときは足元にかけて。寝るときはリビングにこんなふうにマットレスと掛け布団を敷いて、その間を電気毛布で温めます（スイッチOFFして就寝）。体温だけで寝ようとしていた頃は足が温まるまで30分以上かかっていた気がします。それを思うと、毛布1枚でぬくぬくぽかぽか〜。電気代も節約できて、ありがたいくつろぎ&睡眠環境です。

LIVING ROOM - 06

録画機能内蔵型でコンパクト。移動できるテレビ

32

型のテレビを12〜13年使っていました。でも録画機能があやしくなってきたので、ひとり暮らしをきっかけに買い替えることに。室内で簡単に移動できるサイズで録画機能内蔵型、DVDも観られるものをと探していて出会ったのがパナソニックのプライベート・ビエラ（19V型）。キャンペーンに応募し、3週間試用して晴れてわが家に仲間入り。BluetoothでiPhoneに入れている音楽を聴ける、ラジオも聞ける、YouTubeなど動画配信サービスも利用できるなど、便利機能が満載。

時計は、私のブログのアイコン的存在。壁に穴を開けずに使いたくて、浴室乾燥が付いているために使い道がなくなった物干しハンガーにかけることにしました。

操作ボタンもシンプル。タイマーもあるし、なんてったって上下左右の首振りがうれしい。写真では見えませんが、リモコンは後ろに慎ましく収まっています。足元でクルクル回り、見上げられると「なあに？」って声をかけたくなるようなかわいさです。

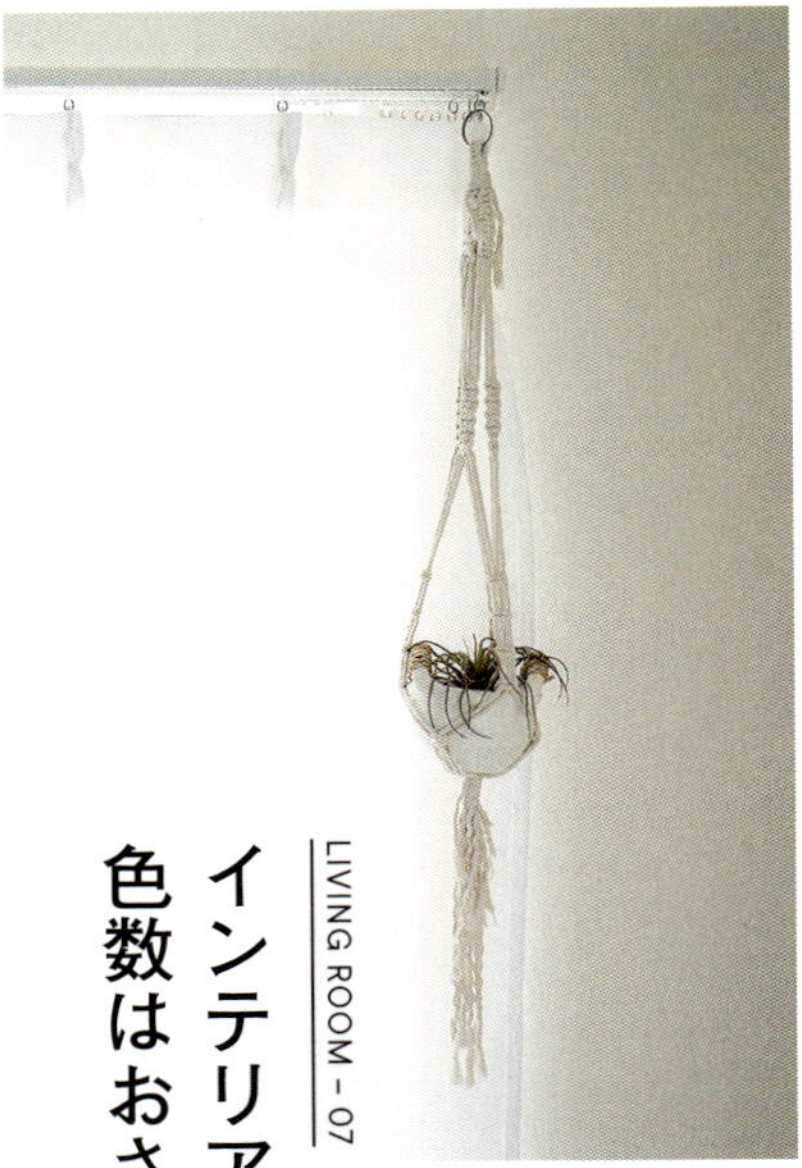

LIVING ROOM – 07

インテリアの色数はおさえる

もともと白、黒、グレーのモノトーンが大好きで、その中に身を置いていると落ち着くというか、自分らしくいられるように感じます。だから洋服もインテリアも、ほぼその3色でコーディネート。

窓辺にかかっているマクラメ編みのプラントハンガーは友人からのプレゼント。中に入っているのはお手入れ不要のイミテーションプランツです。

写真左はホームセンターで見つけたサーキュレーター。タワー型の扇風機を持っていたのですが、ワンルームでは収納スペースがなくて。そこで収納場所をとらないこちらを購入。コンパクトで見た目も愛らしく、音も静か。小さいのに、何やら存在感を放つようで、お客さまにもよくほめられます。

LIVING ROOM – 08

ソファの反対側はワークスペース

借りているマンションは新築物件ですが、実は完成前に間取りと条件が理想通りで、ひと足早く申し込みしていました。でき上がった部屋を見て、あらびっくり！　リビングの壁一面だけですが、あざやかなブルーグリーン。これは全くの想定外でした。

モノトーンの中で暮らしてきた私にとっては、かなりの衝撃でした。でも実際に暮らしてみると思いのほか落ち着き、リラックスできるんですよね。不思議。

この壁は黒板になっているので、「自由に絵を描いてください」って言われたけれど、残念ながら絵心のない私は、きれいな色壁のまま使っています。ここにある造り付けのカウンターテーブルがワークスペース。わが家で唯一、〝集中して作業する場所〟です。

LIVING ROOM – 09

回転式チェアは体を優しく包み込んで座り心地も抜群

カ

ウンターテーブルでパソコン作業をするとき用に、と思って購入した回転式ダイニングチェア（不二貿易）。名前の通り、座面がクルンと回転するので、とても便利です。ひじあてはないのに、背もたれの両端が軽く内側にカーブしているので、座ったときに体が包み込まれるようなのも気持ちよくって。長時間作業をしても、疲れにくい気がします。

ただ、テーブル前で座ってみると、座面が微妙に低くて…。しっかり計算して高さの合う椅子を買ったつもりだったのですけど。それで高さ調整用に、丸いフェルトシートクッション（私はフェルト素材に弱い！）を使っています。このクッションはお気に入りのショップsarasa design storeのものです。

LIVING ROOM – 10

必要な書類、文具のすっきり収納術

なるべく収納アイテムは増やしたくなかったのですが、作業効率と片づけやすさを優先して、カウンターテーブルの上にケースと書類のファイルを置くことにしました。

「書類や文具などの実用品は見せない」という方法など、あれこれ試したけど、私の性分には「書類や文具などは出しっぱなしがラク」という結論に。

限られた文具しか持っていないけど、仕事を進めるにあたってなんの不足もなく、それらがいつもの定位置でスタンバイされているって、すばらしく〝快〟です！

シンプリスト的には、ここは統一感を持たせたいところ。ケースやファイルはほとんど白。ちょっぴりの黒がいいアクセントになっている…かな？

ENTRANCE

玄関

ENTRANCE – 01

固定観念を捨てて、幅広いアイテムの収納場所として大活用

A

玄関扉の内側にはネットで買ったマグネットフックをつけて、キーホルダーをかけています。その横にペタンとかわいらしく貼りついているのは印鑑。100円ショップで買った磁石をマスキングテープで貼り付けました。

リビングはガランとあまりものを置かないスペースです。その代わり、玄関から部屋までの通路に生活のための必需品がギュッと詰まっています。といっても、最初にお話ししたように、このワンルームには玄関の左右にかなりの収納スペースがあります。だから収納家具を買い足す必要もないし、扉を閉めれば見た目もすっきり。

　玄関にある収納スペースには靴だけでなく、ストールやバッグ、アクセサリー、腕時計など外出するときに使うものや、トイレットペーパーにウォーターサーバー用の水など日用品のストック、防災グッズなどもまとめ置き。たとえば外出するときに使うものを玄関先にまとめておけば、「あっ！　あれを忘れた」とあわてて部屋に取りに戻るという〝私あるある〟がなくなります。

　「ストールはクローゼットにしまう」「トイレットペーパーはトイレ内の収納スペースに置く」という固定観念をちょっとはずしてみれば、より自分がラクに使える快適空間に変身しますよ。

　そしてリビングと同じく、床面にはものを置かずガランとさせておくのも、私のこだわり。玄関から何も置かれていない通路を経て、いい「気」がリビングまで通り抜ける、そんなイメージを大切にして暮らしています。

A
B
靴
C
D
アクセサリー
バッグ、
ストール、
帽子など

ENTRANCE – 02

靴だけでなく、アクセサリーとバッグ、ストールも玄関に

玄関を入って左手にある大きな収納スペースは、もともとはシューズボックスを想定していたよう。だから棚がたくさんあってとっても便利なのですが、私の持っている靴は夏冬合わせて計8足。自転車で外出することも多いので一番出番が多いのがスニーカー、ふだんの買い物などはぺたんこ靴、夏のお出かけ用のサンダルに冠婚葬祭用のブラックシューズ、レインシューズに冬用のパンプスやショートブーツ。洋服のコーディネートが決まってくると、靴もこれだけあれば充分なのです。

そこで余った(?)スペースには外出時に持っていくものを収納しました。一番下にはスーツケースとバッグ。帽子やストール(夏用と冬用があります)も同じ場所へ。

いくらきれいに並べても、ものを置きすぎたり詰め込みすぎたりすると出し入れしづらくなります。だからふわっと空きスペースをつくるように収納するのがポイント。

バッグなどの上の段には無印良品の布ボックスを2つとアクセサリーボックスを。Dのボックスには靴のお手入れセット、Cのボックスにはウェットティッシュ、ポケットティッシュ、診察券入れ、モバイルバッテリー、袱紗&数珠、宅配便の代引き時などに使う小銭など、玄関にあると便利なあれこれをまとめています。

靴の上の段には掃除機(ダイソン)のパーツ、その上の深いボックスにはエアコンやガスレンジなど、マンションの付属品の説明書、はずしたお風呂の排水口のパーツ…と、この部屋を出るときまで出番がないものをひとまとめにして。

A

高い場所には、マンション解約時まで使わないものを。

B
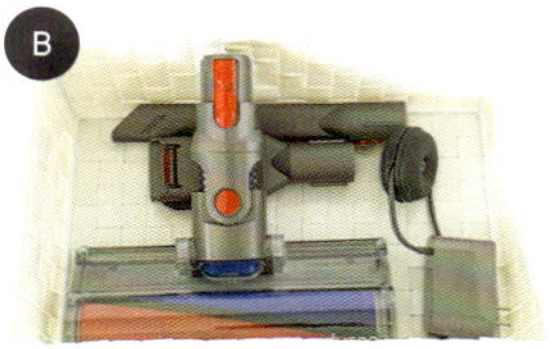
形にバラつきのある掃除機のパーツをまとめて。

C
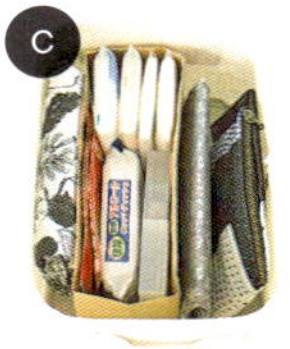
ティッシュや診察券などサッと持っていきたいものたち。

D
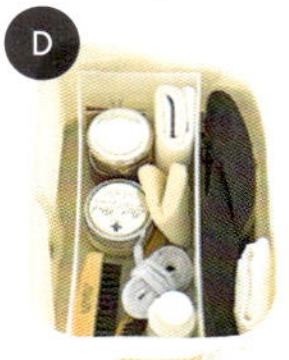
クリームやブラシなど、靴のお手入れグッズ。

本、フォトブック
プリンター
C
B
A
防災グッズ

A

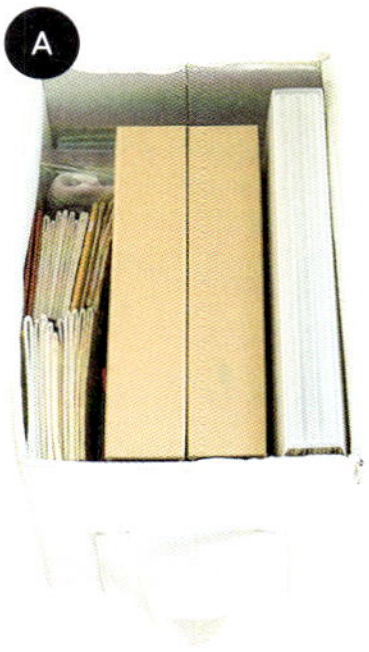

アルバムや手紙、娘の保育園時代の連絡帳などが入った思い出BOX。

B

ミシンとミニアイロン、100円ショップで買ったアイロンマット。

C

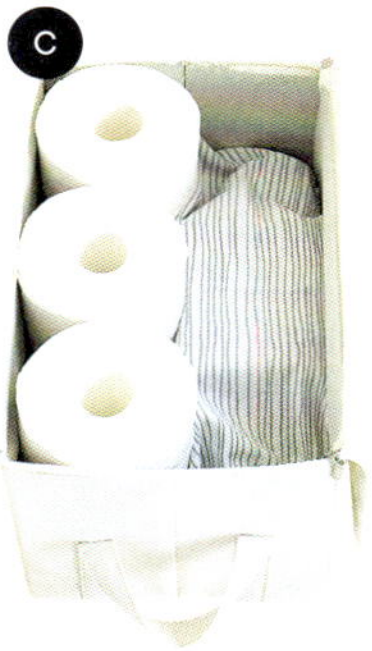

トイレットペーパーは防災用品としても大事なので、多めにストック。

ENTRANCE – 03

プリンターに日用品のストックや本、防災グッズもまとめて

玄関を入って右手の大きな収納スペースは、ちょっとかさばるものの置き場です。ちなみに扉は鏡になっているので、これまた便利！

一番下に炭酸水のストック、その横の空いているスペースにふだんはウォーターサーバー用の水を置いています。女性のひとり暮らしだからこそ、災害時への備えは絶対に必要！　下から2段目に防災グッズを取り出しやすいように置いています。その上は蓋&取っ手つきの布ボックスで統一。向かって左から、トイレットペーパーのストック（防災用品という意味もあるので多めにストックして、防災グッズの近くに置いています）、ミシン、思い出BOXです。

下から4段目は仕事の必需品、プリンターとA4サイズのコピー用紙です。その上の段にはお気に入りの本を並べています。

雑誌はレシピなど読み返したいページのみをiPhoneで撮影。保存した画像は時々見直して、不要になったものは削除するようにしています。

LAUNDRY – 01

どうしても来客の目に触れるので、できるだけシンプルに

わが家の洗濯機置き場は洗面所ではなく、通路にあります。なんと玄関入って靴を脱いだらすぐのところに、どーんと洗濯機！　そのため隠せるように、天井にはカーテンレールがついています。でも私は、あえてカーテンをつけていません。

人の目に触れさせたくないものを、まるっと隠すのも手。でも、視線をそらせて気になるものの存在感を少なくする方法もある、と教えてもらったことがあり、ここでは後者の考え方を取り入れたのです。自分では「カーテンなしのほうが開放感あり！」と気に入っているのですが、どうでしょう？

引っ越したばかりの頃は、洗濯機上の壁にお気に入りのポスターを飾っていました。そのほうが自然に洗濯機から目がそれるかな…と思って。でも、実際にいらした方の様子を見ていると「洗濯機、意外に気にならない」ようだし、「玄関から自然にリビングに視線が誘導される」と言われたので、ポスターはキッチン背面収納へ移動（そこが殺風景になってしまったこともあり…という事情は65ページをご覧くださいませ）。

棚の下には、ちょっと見映えのする突っ張り棒を取り付けて、スペースを有効活用。洗濯機の横にあるワゴンはイケアで買ったもの。棚の上にある琺瑯のたらいは、ふだんは洗濯ネット入れになっています。以前はつけ置き洗いなどによく使っていたのですが、最近は換気扇掃除のときに使うぐらいで、あまり出番がありません。でも手放したくない、お気に入りのもののひとつです。

LAUNDRY – 02

白で統一して見た目をすっきり。掃除道具も収納

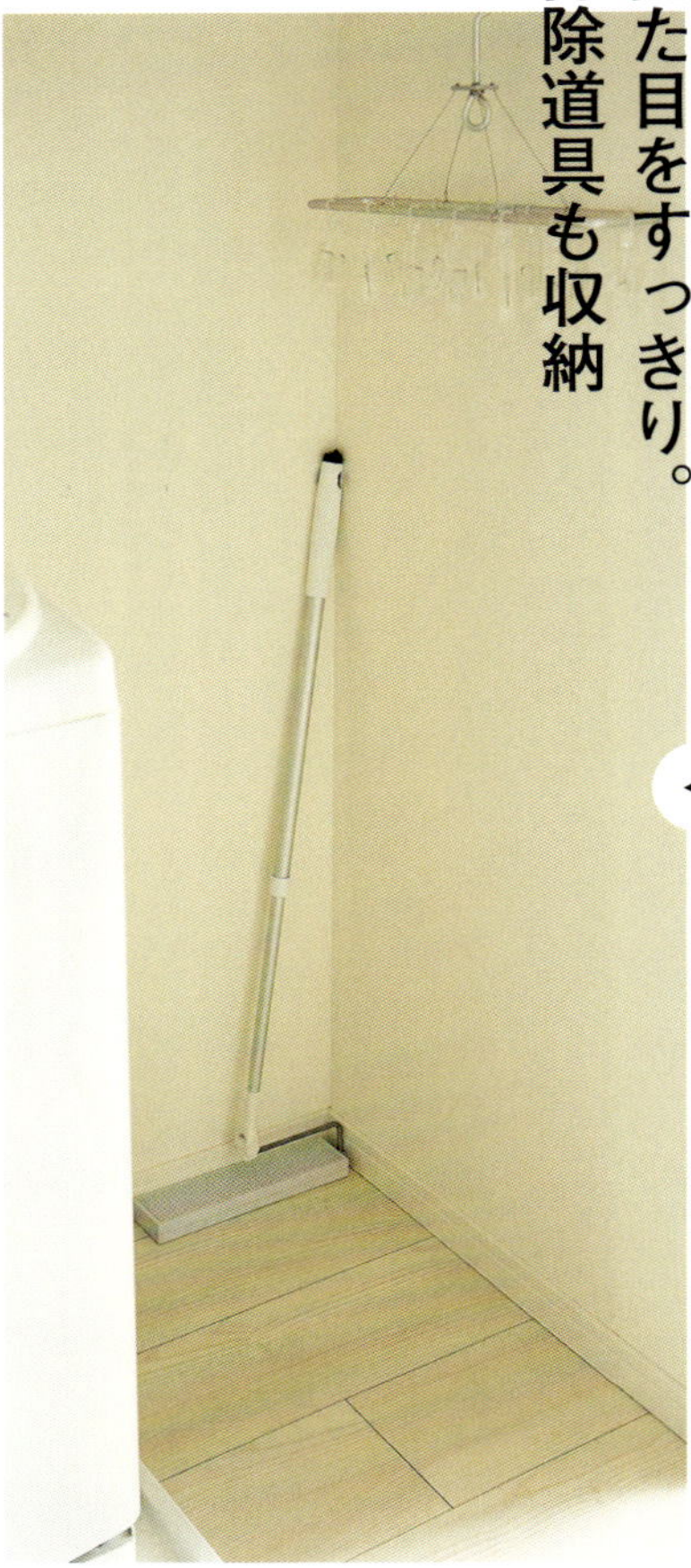

洗濯機のあるランドリースペースは清潔感のある白で統一。腰高ほどのランドリーラックが便利かも…と考えました。でも洗濯機まわりってホコリやゴミがたまりやすい場所。ランドリーラックを置けば、その足元に絶対ホコリや糸くずがたまります。床面をいつもきれいにしておくには、キャスター付きで移動させられるもののほうが断然いい。「わが家のランドリースペースにしっくりくるものは…」とインターネットや実店舗であれこれ探して見つけたのが、このイケアのワゴン。色、デザインのシンプルさ、そして何より高さがわが家の洗濯機とベストマッチだと思ってお買い上げ。

洗濯し終わった衣類やタオルは3段のラックの一番上にある白い

1 平筆、ウエス（古くなった手ぬぐい）などの掃除用品はボックスにまとめて。**2** 楽天で購入した野田琺瑯の小たらい。火にかけられるので煮沸消毒などにも。**3** 大物用洗濯ネットは洗濯機の横に吊り下げて。左の小さいものは洗たくマグちゃんという洗濯用品。消臭効果と汚れを落とす効果があるようです。

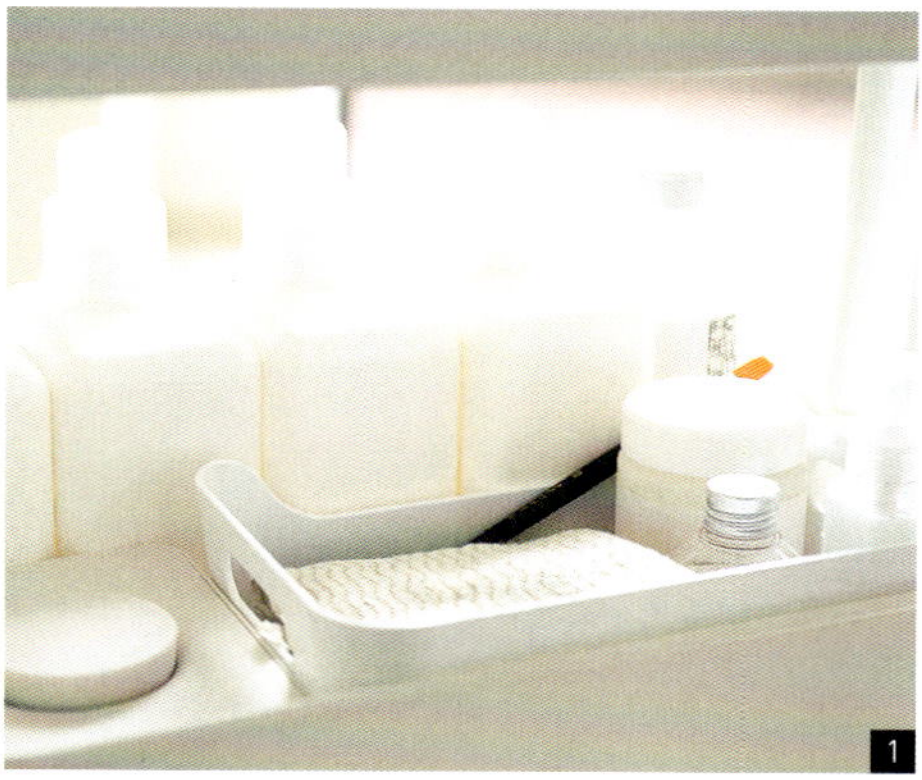
1

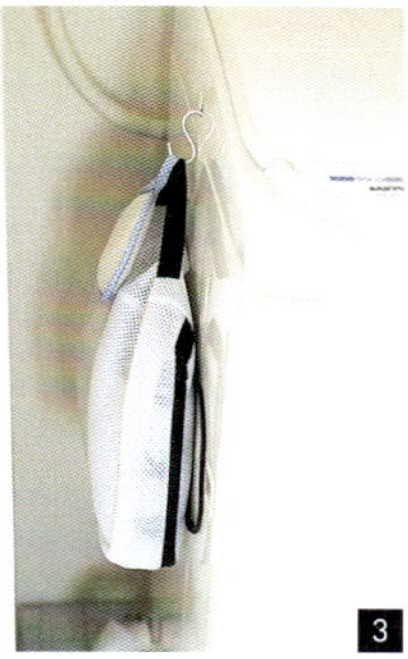
3

2

LAUNDRY

かごに移動させてから干しますが、この高さだと腰をかがめずに作業ができてラクなのです。真ん中の段は洗濯物などの一時置きに使えるよう、空けてあります。

一番下の段にあるのは重曹、クエン酸、酸素系漂白剤、セスキ炭酸ソーダなどの洗剤類。おそろいの白いボトルに入れ替えています。

このキャスター付きワゴン、スチール製なのですが、粉体塗装されているので表面がサラサラした感触。汚れやホコリがつきにくいように思います。床掃除用のモップはキャスター付きワゴンの奥にあります。

必要なものを、必要なだけ持つ。そんな目線でものを選べるようになったから、私にとって洗濯機置き場すらも、お気に入りの場所なのです。

LAUNDRY – 03

インテリアとしても映えるお気に入りたち

LAUNDRY

1 リズム感を感じるモビール。2 ドライフラワーは私のよき理解者である娘が選んでくれた誕生日プレゼントです。娘の存在は私の人生の功績。その象徴になるものを飾っておきたい気持ちが表れているのかなと思います。

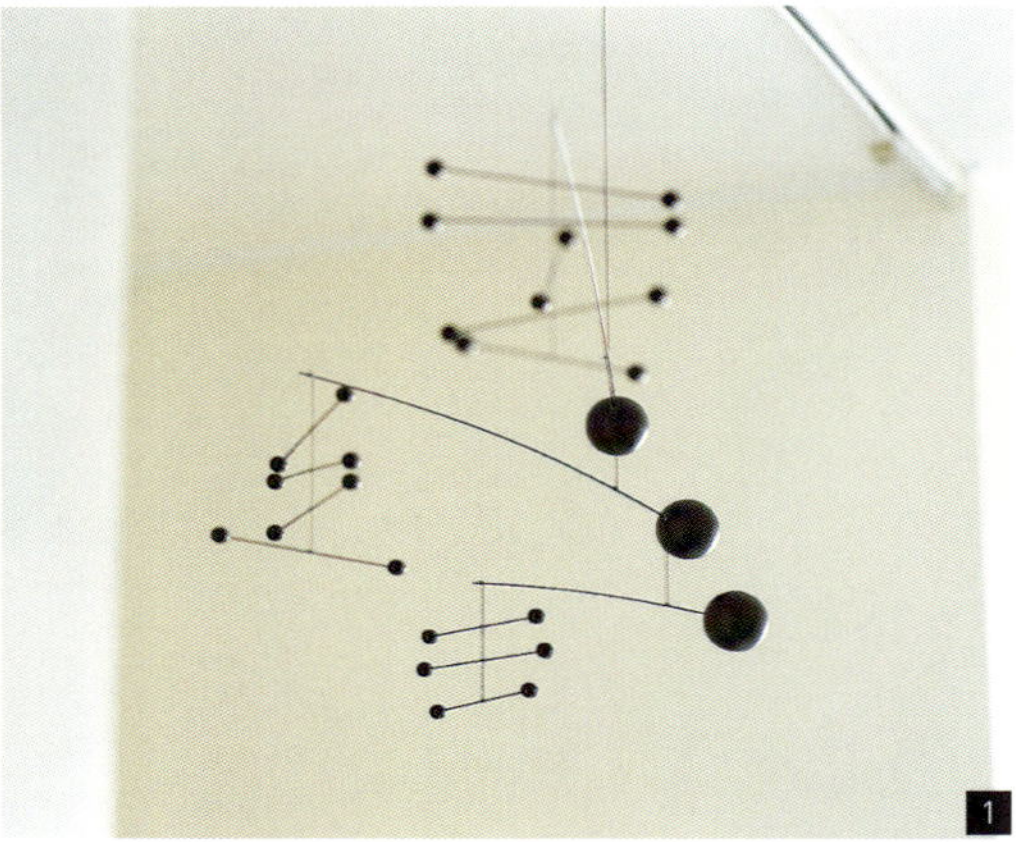
1

2

若い頃は好みのインテリアが定まらず、モノトーンが好きだったり、アジアンテイストな小物が好きだったり。風水に興味を持ち、部屋ごとに雰囲気が違っていたこともあります。

でも大人になり、さらにブログを始めてから「飾る」ことをちょっと難しく考えるようになっていたかも。それで「家の中で、苦手と思うことを頑張らなくてもいいよね」と、多くのインテリア雑貨を手放しました。

そうやって部屋の中に余白ができると、手元に残した必需品たちの存在感が大きくなり、これらをどのように配置すれば魅力を生かせるのか、と考えられるようになりました。結果的にその思いが、私にとって「飾る」ことになっているような気がします。

変わらず、大切なものたち

引っ越しのたびに、ものを処分してきましたが、
やっぱり大切に持っていたい、そばに置いておきたい
大切なものたちが、いくつかあります。

幸せを運ぶダーラナホース

北欧インテリアに興味を持った頃に知ったダーラナホース(スウェーデンの置物)。ささやかな願いを込めて私も購入しました。

キュートな小物入れ

サイズも質感もなんともいえない愛らしさが漂う小物入れ。スウェーデンのSerholt(セルフォルト)というブランドのもの。私のブログ名「*Little Home*」のイメージにも合っているように思います。

私のブログのアイコン!

私がブログを始めるきっかけにもなった大好きなブロガーさんのお宅に飾られていた時計。思いきって同じものを購入。今ではアイコン的存在に。

unicoで購入したランプシェード

木材の中で、一番好きなウォールナット。ライトをつけたときの陰影も楽しめ、ホコリがたまりにくいので掃除もラクです!

BATHROOM－01

自分の使いやすさ、掃除しやすさを追求したもの選び

これがわが家の洗面所&トイレ。こんな開放感のあるトイレがある住まいは初めて。今やすっかり慣れましたが、最初はちょっとソワソワしました。

このワンルームは新築物件なのですが、女性のひとり暮らしを想定して収納や壁紙、インテリアなどが選ばれているみたい。だから洗面所の鏡もこんなに大きいし、洗面台下にワイヤー引き出し、トイレットペーパーのダブルホルダーと便利かつ作りもおしゃれ。この大きな鏡のおかげで、洗面所がより広く明るく感じられるんですよね。

洗面所&トイレはお客さまが必ず使う場所。生活している自分が快適であることが一番だけれど、やっぱり置くものの量や配置は「他人目線」をしっかり意識。出しておきたいものはすっきり見栄えよく、見えないほうがいいものは陰にひっそりと。

でも洗面所に置くものって、基本的に毎日使います。だから隠したりしまいこんだりすると逆に使いにくくなるので、そのさじ加減が微妙。そんなこまごまとしたことを、ああでもないこうでもない、こっちのほうが使いやすいかなと考えるのが楽しいのです。

写真ではきれいに片づけられていますが、よく使うものは出しっぱなしにすることも。お客さまが来るときにサッと戻せる定位置があればふだんは自由。収納やお片づけって、自分に甘々でOKだと思います。

洗面所に椅子があると何かと便利。素敵なデザインが洗面所の雰囲気をUPしてくれます。

BATHROOM

BATHROOM－02

メイク、スキンケア品はこれだけで充分

洗面所とトイレの間の棚（＝よく見える場所）に置いているのはボディミルク、マウスウォッシュ、ハンドソープと綿棒。歯ブラシと舌ブラシはできるだけお客さまから見えないほうがいいので、棚の手前側の壁に吸盤タイプのホルダーをくっつけています。

　スキンケアアイテムやメイク用品は洗面台下の作り付けのワイヤー引き出しの中に収納。スキンケアもメイクも若い頃と比べると格段に使用アイテム数が減り、時間も短縮。いろいろなチャレンジをしてみたからこそ、自分に必要なアイテム、自分に似合うメイクがわかるようになってきたのかも。

　ちなみに、スキンケアやメイク用品は、以前はクリアボックスに立てて収納していました。今はほとんど黒いポーチの中に収まって

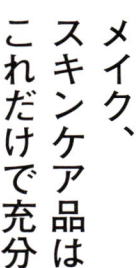

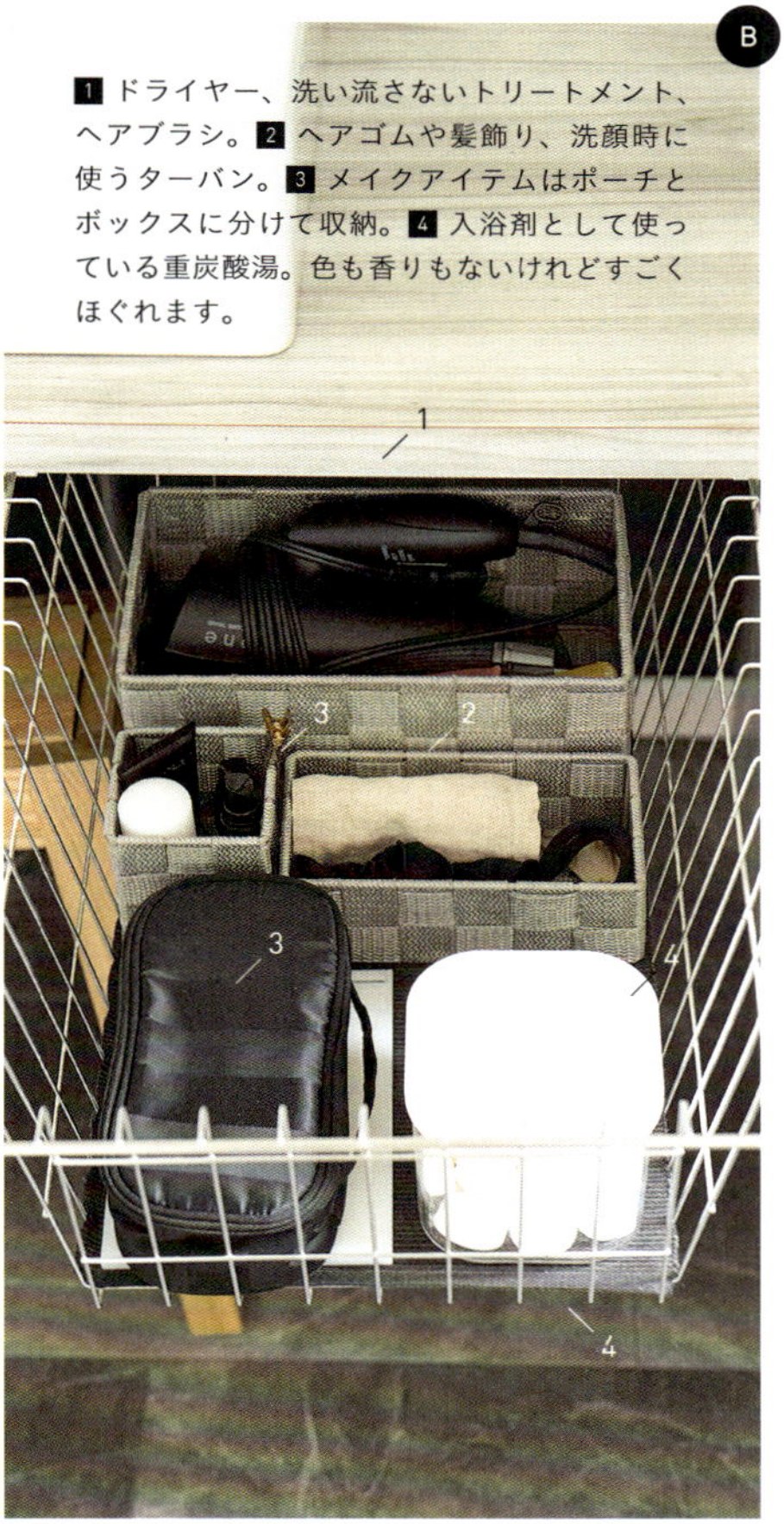

1 ドライヤー、洗い流さないトリートメント、ヘアブラシ。2 ヘアゴムや髪飾り、洗顔時に使うターバン。3 メイクアイテムはポーチとボックスに分けて収納。4 入浴剤として使っている重炭酸湯。色も香りもないけれどすごくほぐれます。

います。このポーチから眉毛カット用のハサミなど、いくつかのアイテムを出して、代わりに手ぬぐいを入れれば、そのまま旅行にも持っていけるのでとても便利です。

よく使うものは手の届きやすいところへ。引き出しや棚の奥など出し入れが面倒なところには使用頻度の低いものをしまっています。だから引き出しの手前側にスキンケア&メイクアイテムの入ったポーチをイン。現在のヘアスタイルにしてからあまり使わないドライヤーは奥のほうへ。

ポーチの横にある白い蓋の容器に入っているのは、入浴剤として使っている重炭酸湯(30個入りで2700円ぐらい)。効果は感じますが1回の入浴に3個必要なので、かなり疲れているときだけ使っています。

BATHROOM－03

タオルや日用品のストックもまとめて

洗面台下、左の大きなワイヤー引き出しの手前には色をそろえたフェイスタオルを並べています。わが家のタオルはこのワンサイズのみ。奥にはこまごまとしたものを、プラスティックのケースにまとめて収納。右奥のかごに入っているのはコットンに除光液、無印良品で買ったホホバオイル、手前はサンプルでもらった石けん(旅行のときに使用)。左奥のかごに入っているのが手ぬぐ

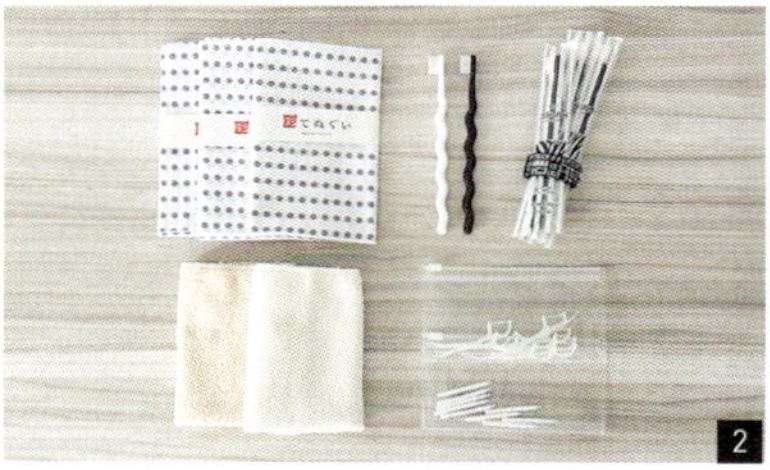

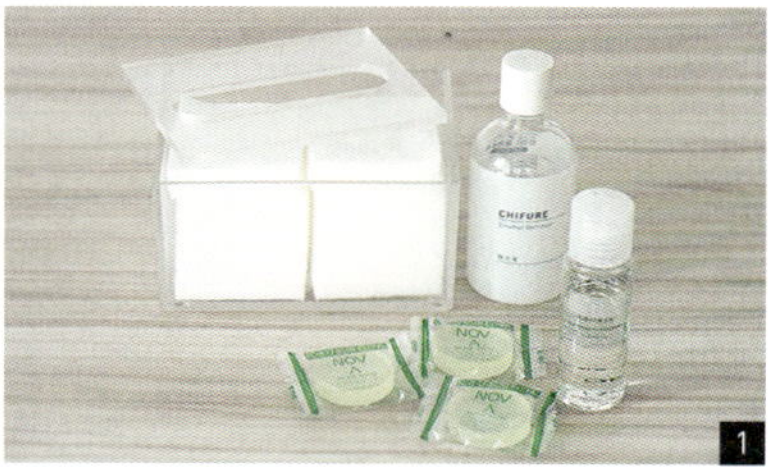

い、歯ブラシ、デンタルフロス、ニトリで買った5枚セットのマイクロファイバーキッチンクロスのストック。持ち手が波々になっている歯ブラシはモノトーンが気に入って購入（ネットショップで10本セット）。歯科医院専売メーカーがデザインしたものだそう。

写真Bはシンプルでスリムな見た目が気に入って楽天で買ったかなりおすすめのマルティファンの体組成計！ 床置きだと周囲に髪の毛やホコリがたまり、動かして掃除するのが面倒。洗面台の手前側に立てかけています。

あまり目につくところに置きたくないし、かといってしまいこむと使うときに面倒な掃除機。今のところわが家の定位置は洗面台下。お客さまにもあまり気づかれないので、穴場スポットみたい。

BATHROOM

Ⓐ 洗面台下の引き出しは奥行きがあるので、よく使うものを手前に、あまり使わないものやストック品を奥に入れています。Ⓑ 鍋敷き？ いえいえこれがすごくおすすめの体組成計。見た目だけじゃなくて、スマホアプリと連動し、管理、チェックができるスグレモノです。Ⓒ タオルなどの入った引き出しの下に、ひっそりとダイソンの掃除機。

1 石けんホルダーはマグネットでお風呂場のドアにピタリ。**2** 手桶やバスチェアは余計な溝や飾りがなく、汚れがつきにくい形のものを探しました。手桶の横にある泥パックは、浴室に置いてあると使う頻度が上がります。

2

1

BATHROOM－04

こだわりのお風呂は、掃除道具も完備

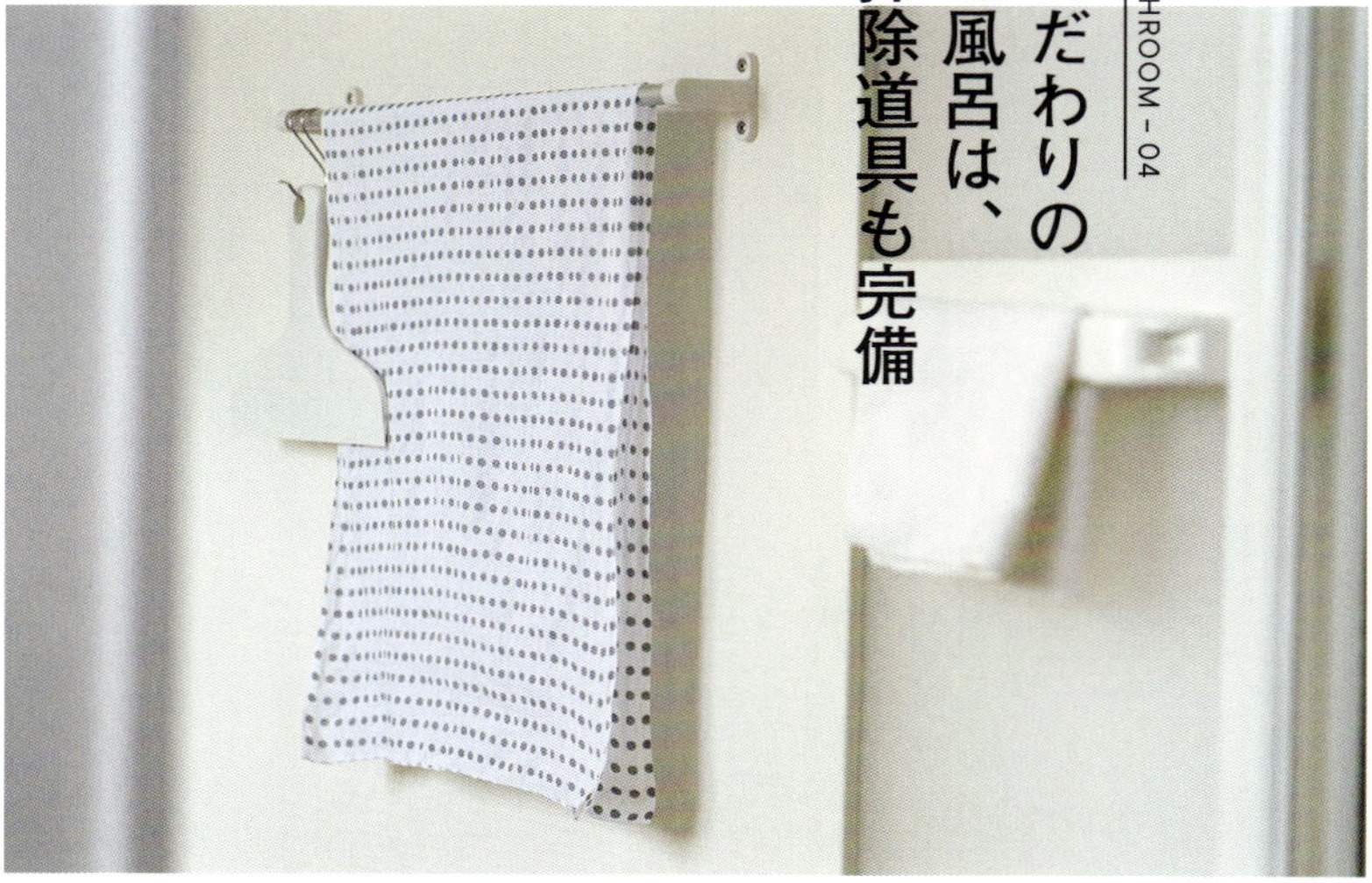

浴室スペースのこだわりも、できるだけ床にものを置かない、ということ。椅子や洗面器、ラックなどを置かないようにすると、汚れがたまりにくく、カビも生えにくいです。ものが置かれていないほうが、掃除もラク。

シャンプー&トリートメントのボトルはボトルホルダーで吊り下げて。石けんはマグネットホルダーで。このマグネット石けんホルダー、はじめは鏡につけていたのですが、ホルダーの跡がついてしまう気がしてお風呂場のドアの下のほうへ移動。バスチェアはお風呂の縁にひっかけられる形のものを選びました。

もともとあった排水口カバーもはずしています。カバーでおおわれない↓汚れが見える↓掃除の頻度が上がる、からです。

ORGANIC
ORGANIC

CLEANING

掃除

いい道具を使って、ためずにササッと。大人のラク掃除

洗剤選びのポイントは、安心・安全、そして多用途。クレンザーや塩素系漂白剤など、以前は私もいろいろな洗剤を持っていました。特にこだわりがあったわけではなく、「そのときに安いものを買う」感じ。

でもこの数年は重曹（ミヨシ石鹸 暮らしの重曹）、クエン酸（ミヨシ石鹸 暮らしのクエン酸）、セスキ炭酸ソーダ（アルカリウォッ

シュ)、酸素系漂白剤(過炭酸ナトリウム)と除菌消臭剤(A2Care)のみ。写真右端のボトルは、ラベルと違って中身は食器用洗剤(緑の魔女 キッチン)です。

汚れをためこまないよう、こまめに掃除をするようになってから、たいていの汚れはこれらの洗剤の組み合わせで落とせます。たとえばセスキ炭酸ソーダはキッチンから衣類まで使えるし、酸素系漂白剤はキッチン用品をはじめ、洗濯槽、風呂釜、色柄物の衣類の洗濯にまで使えます。それぞれの専用品を持つのではなく、これにもあれにも使える。特に日用品ではそんなふうに使いまわしがきくものを選ぶようになりました。「○○用」とひとつずつそろえていたときよりボトルも減ったし、カラフルなパッケージからも離れられました。

CLEANING – 01

6種類のアイテムで家じゅうを掃除

CLEANING – 02

掃除しやすい部屋づくりを心がける

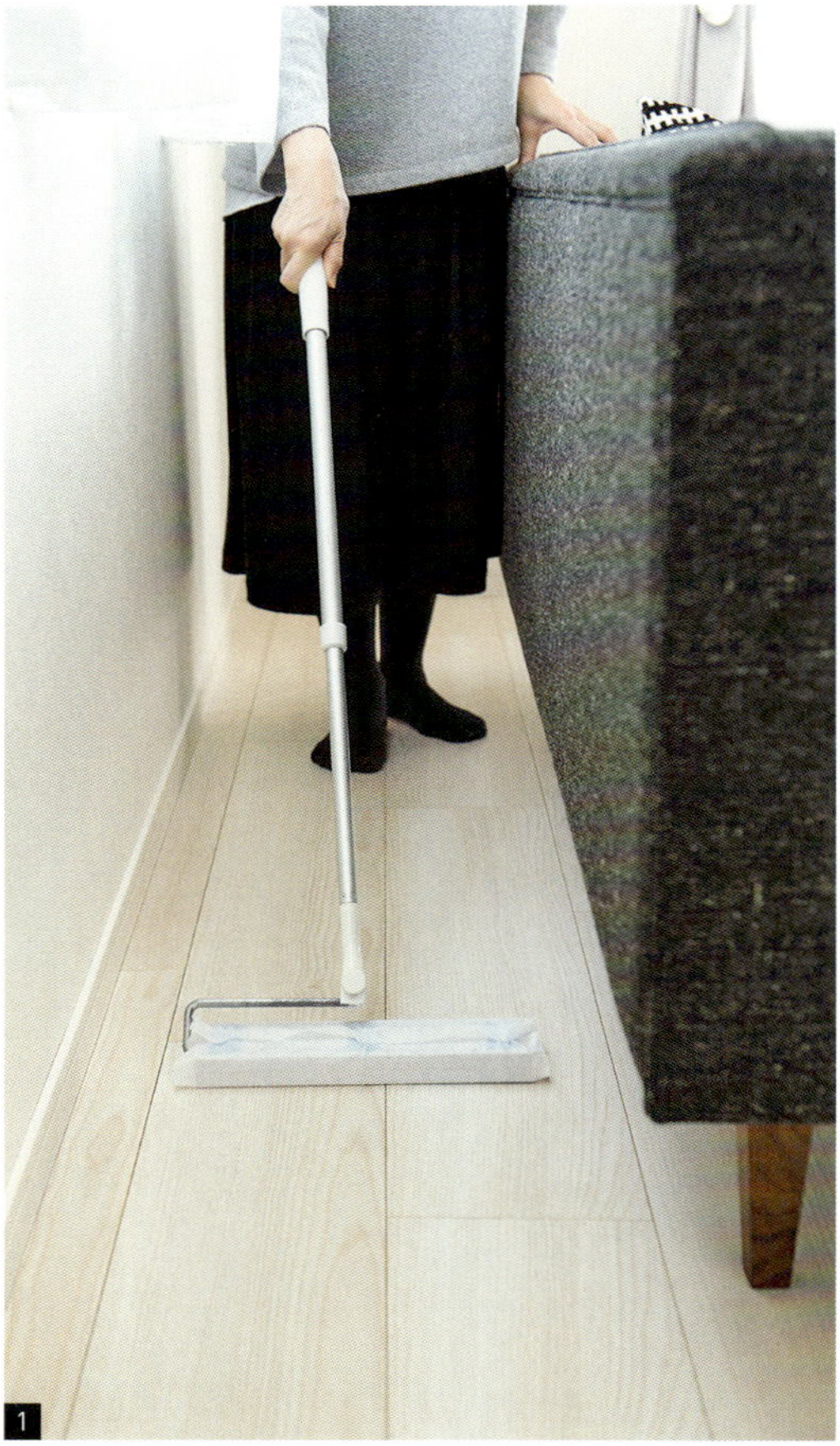

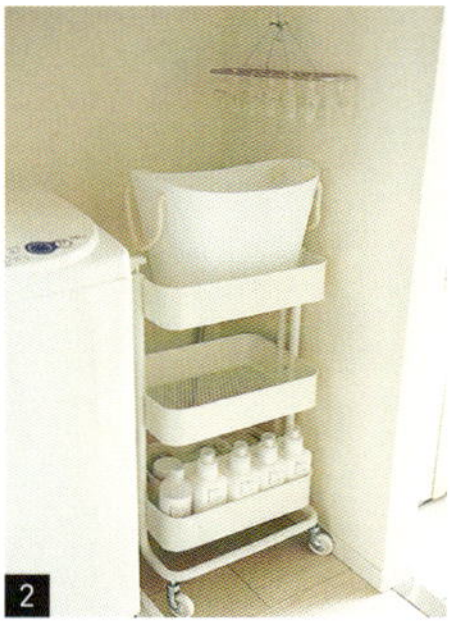

1 デイベッドは壁にぴったりくっつけず、自分とモップが通れるスペースを空けます。2 まとまるとかなりの重さになる洗剤類。持ち上げるのは大変なので、ゴロゴロと引き出せるキャスター付きに。

できるだけ、床にものを置かないのがわが家のルール。それは見た目だけでなく、汚れがたまりにくく、掃除がしやすいからでもあります。ものが置いてあるとそのまわりにホコリが寄ってきますし、掃除をするときに動かしては戻す、という余計な手間がかかります。

どうしても動かさなければ掃除できないところは、キャスター付きでサッと移動できるものを選ぶ。デイベッドのように簡単に動かせないものは、掃除するために自分が通り抜けるスペースをつくる。

「もともとお掃除好きなの？」とよく聞かれますが、そんなことはありません。「毎日ちょこちょこやっておいたほうがラク」なだけ。それに気がついたのも、グッとものが減ったおかげかも。

掃除好きではないけれど、掃除をしてきれいになった部屋が好き。そして朝食は澄んだ空間で食べたいから、起きてすぐにリビングルームを掃除します。

いつもの手順はこんな感じです。まず掛け布団をたたんでデイベッドの上へ。敷き布団代わりのマットレスは壁に立てかけて、フローリングワイパーに巻いたウェットシートで部屋全体とクローゼットの床掃除。床が乾いたら、掛け布団とマットレスはクローゼットの中にしまいます。この基本の床掃除だけなら3〜4分程度で終了します。

はたきをかけるのはごくたまにです。外出の予定などがなくて、時間に余裕があるときはコロコロやダイソンの掃除機を使ってデイベッドのお掃除をします。

CLEANING－03

毎朝のルーティン掃除は3分で完了

「毎朝の掃除が日課」なんて言うと、「まめな人だな」と思われるかも。でも毎日掃除をする→汚れがたまらない→掃除がラクになる。面倒くさがりでも、私は「ためてまとめて」のほうが不得意のようです。

1 やわらかで毛束がぎっしりとしたはたき。2 平筆を使えば、隅っこまでススス―ッと掃き出せて快感。ちょこちょこ掃除したくなるから汚れが軽い、汚れが軽いとラクだからさらに掃除の頻度が上がる。平筆のおかげで好循環。

CLEANING – 04

掃除しやすい道具選びがキモ

汚れをためこまない。それが掃除をラクにするコツです。たとえば床と壁のつなぎ目の巾木。気づかないうちに「わあっ！」って驚くほどホコリってたまりますよね。だからそうなる前に、手に取りたくなるような見た目もかわいいはたき（レデッカーヤギのはたき）でササッとお掃除。もちろん毎日ではなく、時間のあるときや気の向いたときだけ。

サッシ掃除は雨上がりに。空気が湿気を含んでいるタイミングで掃除をすると汚れが落ちやすくて、ものすごくラク。使うのは平筆です。奥のほうも狭いところもこれでススス―ッとホコリを払い、そのホコリを掃除機で吸い込めば終わり。ラクすぎて、雨の日を待たずに晴れの日もちょこちょことやるもんだから汚れが軽い軽い！

私は文房具屋さんで見つけた引っかけるタイプの輪ゴム（グルグル巻かずに使えるので、はずすのがラク）を使っていますが、ふつうの輪ゴムで大丈夫です。

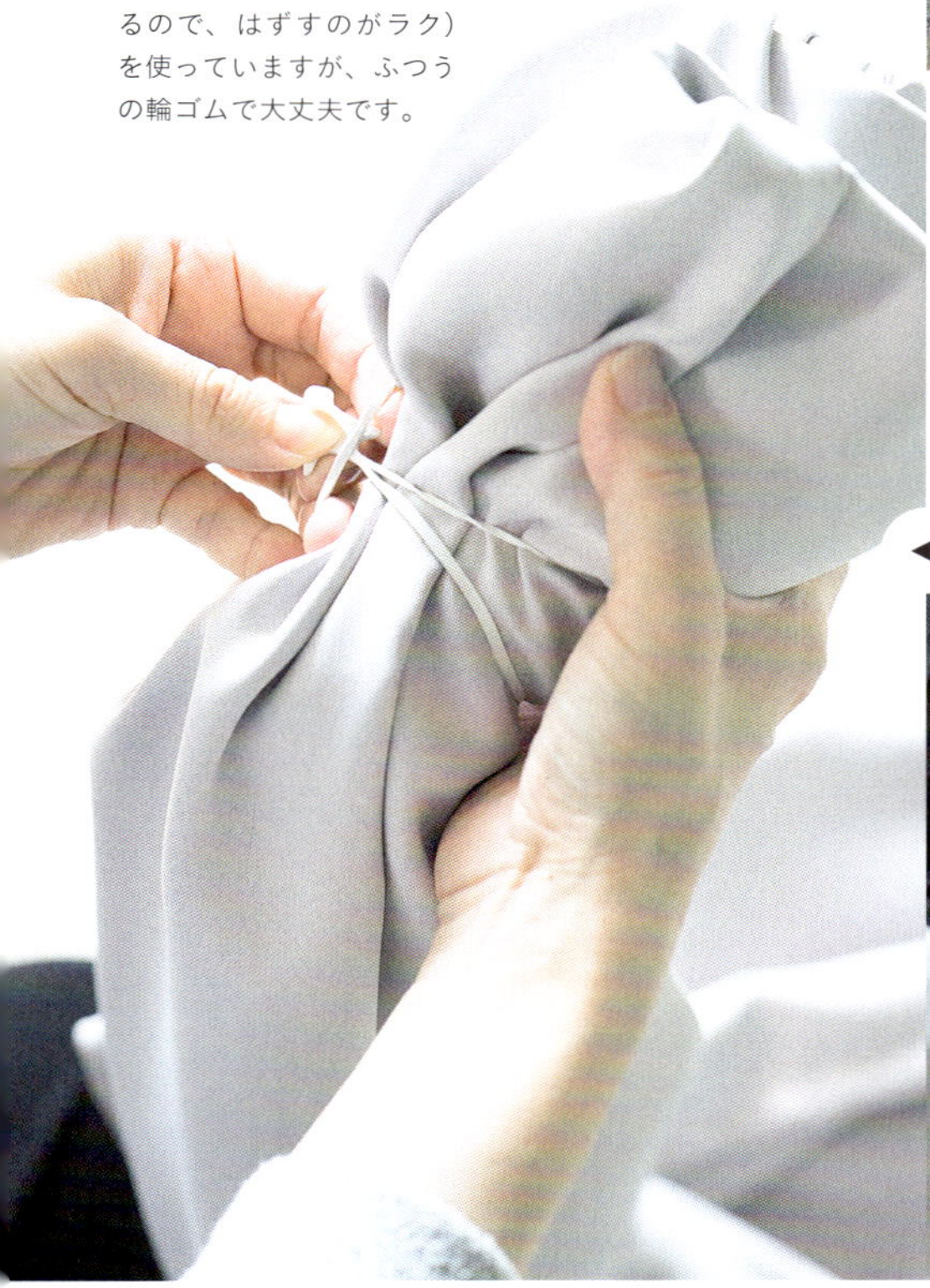

CLEANING 05

おっくうなカーテン洗いをラクにするコツ

カーテンからフックをはずす、洗濯後フックをつける…と思うとつい先延ばしにしがちなカーテンの洗濯。私は「面倒」と感じる手間を省略！ フックをつけたまま洗濯しています。

まずフックのついた部分が内側になるように縦に2回折り、その部分をおさえながら横に蛇腹織りにします（1m幅のカーテンで山折り・谷折りが2回ずつぐらい）。折りこんだフック部分は、輪ゴムでとめます。そして細長い状態になったカーテンを、今度は縦に蛇腹織りにしてネットに入れて洗濯。脱水時間は短めに。洗濯後は輪ゴムをはずしていったん広げ、縦横それぞれ1回ずつたたんでシワを落ち着かせるため10～15分ぐらい放置。あとはカーテンをレールに戻して、自然乾燥します。

CLEANING – 06

見た目もかわいいふきんとクロス

写真の左側はニトリのカウンタークロス。主に台拭きとして使っています。箱に入っているとわかりにくいのですが、広げると拭き掃除にちょうどいいサイズ（縦35×横30㎝くらい）で、使いやすいのです。しかも適度な厚みがあり、1日で使い捨てるのはもったいないほど丈夫！　私は1枚で1週間くらい使い続けます。茶色いボックスが、何げにおしゃれな雰囲気なのも、お気に入りポイントです。

隣にあるプラス模様のふきん（LINASキッチンタオル）はネットショップで購入したもの。吸水性、速乾性がよくて汚れもつきにくいとのことで、キッチンで手拭き用に使っています。手拭き用ふきんは全部で3枚。洗濯後、乾いてとりこんだときに交換します。

CLEANING – 07

毎晩のキッチンリセットで心もすっきり

カウンタークロスは適度なサイズと厚みがあり、丈夫で頼もしい存在。クロスを使うと手や指の当て方、力の入れ方が自由自在に調節できるのがいいんです。スポンジで洗うよりも、早くて簡単にきれいになる気がします。

シンクやコンロまわりなどキッチンの汚れは、食器についている汚れとほぼ同じ。なので汚れがついたその日のうちであれば、食器用洗剤で簡単に落とせます。汚れをためこむから、洗浄力の強い洗剤が必要になるし、掃除に手間も時間もかかり「あー面倒…」ということに。

私がキッチン掃除で愛用しているのは、洗って使えるペーパータオル（スコッティファイン）と46ページで紹介したカウンタークロス。ペーパータオルは食器拭きに使ったあと、コンロまわりの汚れ落とし、排水口の掃除など、その日のうちに使いきって処分。

仕上げ（?）に登場するのがカウンタークロス。調理台を拭いたついでにシンクの汚れを洗って拭き上げて、お手入れ終了。

CLEANING－08

洗面所は クロス1枚で ササッと

名前はキッチンクロスですが、私は洗面所やお風呂の掃除や拭き上げで愛用しています。洗面台の上の大きな鏡も、マイクロファイバークロスでサッと拭くだけでピカピカ。

洗面所の洗面ボウルやそのまわりのお手入れはニトリで買ったマイクロファイバーキッチンクロス1枚でOK。お値段はリーズナブルなのに、厚みがしっかりとあって、すごく使いやすいのです。

マイクロファイバークロスを使いはじめたのは「洗剤を使わなくてもきれいになる」と聞いたから。「どれどれ」と使ってみたら、あらホント！　1カ月使ったら窓と網戸の掃除に。繊維も拭き跡も残りません。

振り返ってみると、いろんなアイテムをすすめられるまま、何も考えずに使っていたかも。自分の暮らしに必要なものがわかってくる、そして日々の生活に生かせる。大人ならではの目利き…と言ったら言い過ぎかな？

トイレは洗面所の奥にあるので、トイレ掃除は毎日やっている部屋の床掃除の延長、という感じ。床はフローリングワイパーに巻いたウェットシートで。タンクやペーパーホルダー、便座とその周辺は除菌スプレーA2Careでシュッシュ&トイレットペーパーでササッと拭きます。

便器には重曹をふり、さらにクエン酸をふりかけます。すると残っている水分で発泡が始まり、さらに水をスプレーして勢いよくシュワシュワさせたまま放置。その後、トイレットペーパーで軽くこすってから流します。何回かに一度はさらに便器やウォシュレットのノズルをメラミンスポンジでゴシゴシ。他の場所でも使えるもので充分きれいにできるこの方法が私には合っているみたいです。

CLEANING – 09

トイレはA2Careとメラミンスポンジで

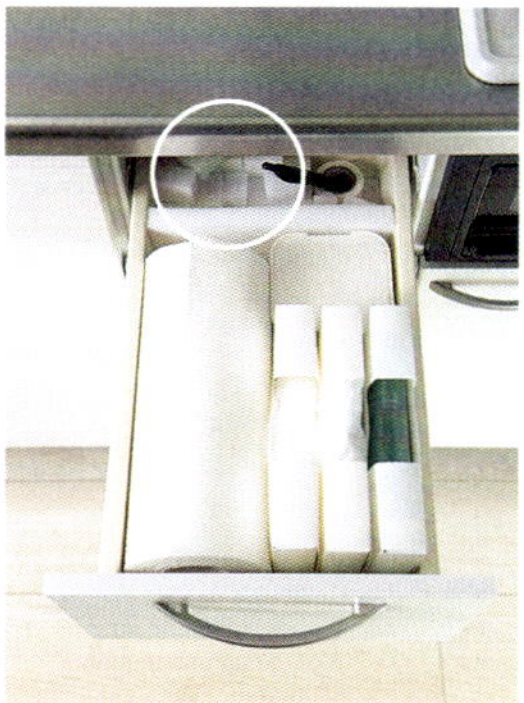

キッチンの掃除や、天然木の家具のメンテナンスにも使うメラミンスポンジ。キッチンの引き出しに収納しています。

毎日水滴を落とすだけ。365日、カビもぬめりもなし

スクイージーで水滴を落とし、残った水分をクロスで拭くだけ。いろいろなものを試しましたが、このクロスが私にとってはベスト。色・お値段・サイズ・厚み・耐久性のすべてにおいてこれ以上はないと思うほど気に入っています。

お風呂全体の掃除に使っているのはマイクロファイバーキッチンクロス（48ページでも紹介）とスクイージー。

スクイージーは柄を持ったときの安定感が絶妙で、使いやすいんです。洗剤などは一切使わず、この2アイテムで毎日水滴を落とすだけで365日カビ、ぬめりなし。快適なお風呂を維持できます。

お風呂掃除はお風呂から上がるとき毎日やっているので、私にとっては入浴の延長。

以前の私は「お風呂の壁を毎日拭き上げるなんて無理」って思っていました。それが今となってはその習慣から得られる気持ちよさにはまってしまって！　完ぺきに拭き上げるというよりは、入浴後の水けを減らしておくという感覚なので、時間もかかりません。

CLEANING－11

石けんを鏡に塗って曇り止め

私は顔も体も、同じ固形石けんと手ぬぐいで洗います。メイクもスルリと落ちるので、クレンジングは不要です。

そんな固形石けん、鏡の曇り止めになるって知っていましたか？　やり方は簡単！　固形石けんで鏡の表面をなでるだけ。優しく優しくなでるのがコツです。泡立ちも数分でおさまります。

なぜこれで鏡が曇らないのかを調べてみたところ…。「お風呂の鏡が曇るのは小さな水滴がついて、その盛り上がりで光が散乱するから。石けんを塗って、鏡の表面に膜を作ると、水滴が盛り上がりにくい」のだそう。

ほんのちょっとのことで鏡が汚れにくく、曇りにくくなり、いつもピカピカ状態をキープできる。それがうれしいのです。

すべる・すべらない問題

ツルンとすべるほうが使いやすく、気持ちいいもの、
逆に、すべることが気になってしまうものがあります。
「すべる」「すべらない」、私なりのこだわりをご紹介します。

すべる

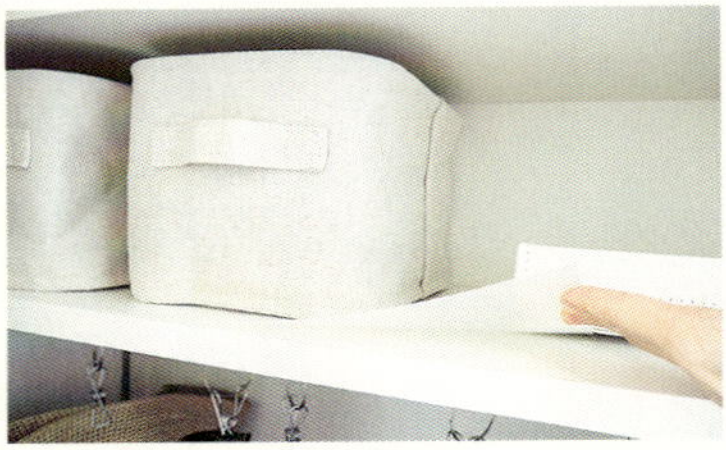

玄関の収納ボックス

セリアのPPシート半透明を敷き、重たいものも取り出しやすく＆棚板の傷防止に。

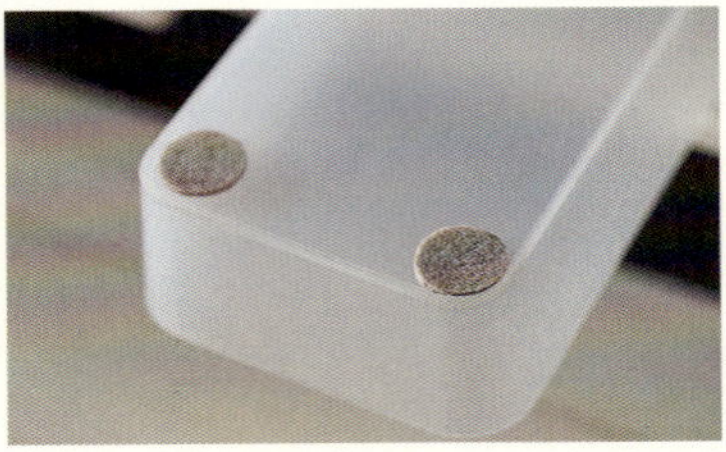

頻繁に取り出す油ケース

油などを入れているケースの裏にはすべりをよくするダイソーの床キズ防止フェルトシールを。

すべらない

収納ボックス

文具類の収納ボックスの下にセリアの防振粘着マット。ものを出し入れしてもズレません。

調味料入れ

調味料入れの下にもセリアの防振粘着マット。開け閉めしてもグラつきません。

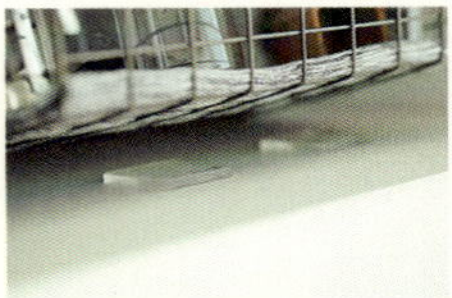

コーヒーセット

コーヒーグッズを入れているワイヤーバスケットの下にもセリアの防振粘着マット。

食器

食器の下にはニトリの抗菌滑り止めシートとすべり止めを兼ねてランチョンマットを。

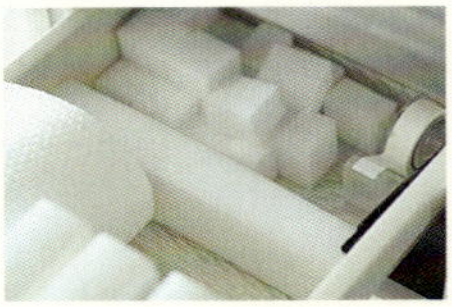

スポンジを活用

メラミンスポンジを仕切り代わりに。引き出しを開閉しても中のものが動きません。

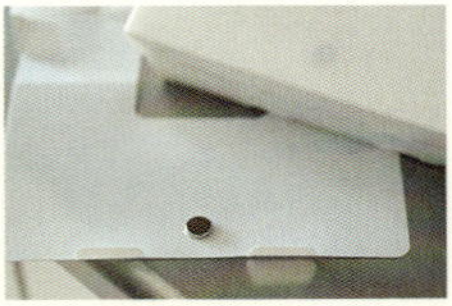

引き出し内の収納ケース

ポリ袋や排水口ネットなどを入れているケースはセリアの超強力マグネットで固定。

2 小さなキッチンとのんびりひとりごはん

MY LITTLE HOME KITCHEN

見た目も使い勝手も、私仕様の小さなキッチン

ここ数年の賃貸生活で、コンパクトなキッチン=小回りがきく、ことを痛感！

すっかり小さなキッチンのとりこになりました。

ただし。ふたり暮らしからひとり暮らしへと、暮らす人数は半分になっても、
キッチンのものの量まで半分になるわけではありません。

お鍋、フライパンにまな板など、必要な調理アイテムは変わらないわけですから。

その分、いろいろなことにトライ。

気分によって、ものの配置を変えてみたり、しまったり、出したり。

あれこれ試すうちに、自分が安心できる、落ち着く配置や雰囲気がわかってきたみたい。

ものを出しておくなら、できるだけ見栄えよく。

ものを出さないなら、きちんと動線を考えて、効率よく収納する。

私仕様のキッチンのコックピット化、まだまだ継続中です。

KITCHEN

キッチン

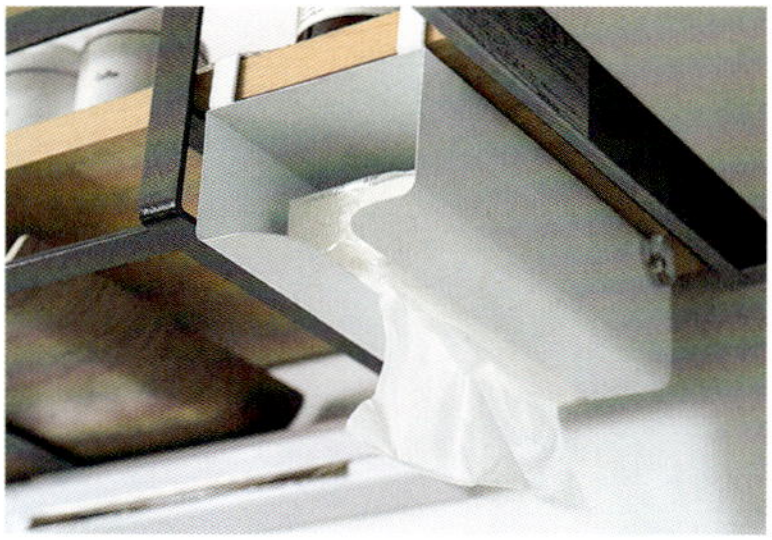

吊り棚の右サイドにペーパーホルダーをひっかけています。その横の棚に置いてあるのはトレー(sarasa design store b2cノンスリップウッドトレー)。

KITCHEN – 01

シンク上にラップ類やキッチンペーパー

シンク上の棚の一番上にはあまり使わない重箱(お客さまが来たとき、お皿代わりに使うことも)をクロスをかけて置いています。真ん中の段にはお茶類をおそろいの缶に入れて。奥にチラリと見えているのはウイスキー(ハイボールが好きなのです)、右端の茶色いボトルはセスキ炭酸ソーダのうすめ液を入れているスプレーボトル。キッチンまわりの油汚れはこれひとつでOK。

吊り棚に下げているペーパーホルダーは必要なときにサッと取ることができて便利。中に入っているのはティッシュペーパーで、ちょっとした汚れを拭くなら充分。ストックの種類も減らせます。

ラップ類は吊り棚の下側のマグネット式のケースに。左がラップで、右がアルミホイルです。

KITCHEN – 02

水切りかご、私には必要でした

食器用洗剤はマジックシートフックを使って、宙に浮かせて。スポンジはフックにのせています。

ブログを始めた頃に住んでいたマンションのシンクがコンパクトだったため、水切りかごを使うのをやめました。でも食器は自然乾燥することが多いので、やっぱりあったほうが便利。それで水切りかご（leye 幅18㎝に置ける水切りカゴ）を復活させました。

持っている食器すべてがちゃんと立てられるサイズで、一段下がった溝にお箸や小さなスプーンたちも置ける便利な作り。洗ったばかりの食器を置くときは少し右にずらし、なるべくシンクに水滴が落ちるように。全部洗い終えて、排水口やガス台まわりを掃除し終わる頃には、かごから落ちる水滴はほぼなくなっているので、食器をのせたまま右にずらせば、シンク上も簡単に拭けます。

KITCHEN – 03

頻繁に使うタオルはサッとひっかけて

右は46ページでご紹介した、ニトリのカウンタークロスです。キッチンの拭き掃除をしたあと、こんなふうにガスレンジ上にあるフックにふわっとかけておきます。水分を拭きとりやすいのに乾きも早いのがうれしい。

台拭きやシンク内の掃除などに使って、少しくたびれてきたら、毎日は掃除していない場所の拭き掃除をして使いたおしてからゴミ箱へポイッ。

左も46ページでご紹介した手拭き用のタオル。こちらは水切りかごにフックで吊り下げています。

あまりかがまずにサッと手を拭ける高さがちょうどいい！　よく使うものは、サッとひっかけるだけにしておくとかなりラクです。

KITCHEN－04

コンロまわりは見せない収納がメイン

KITCHEN

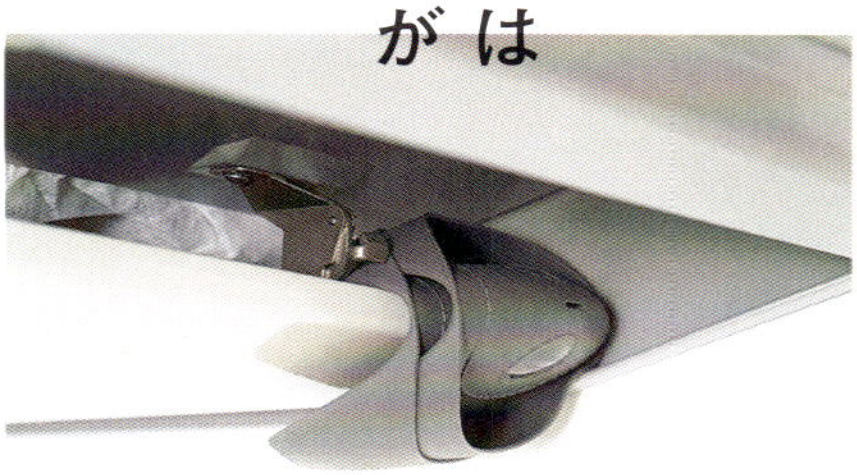

1

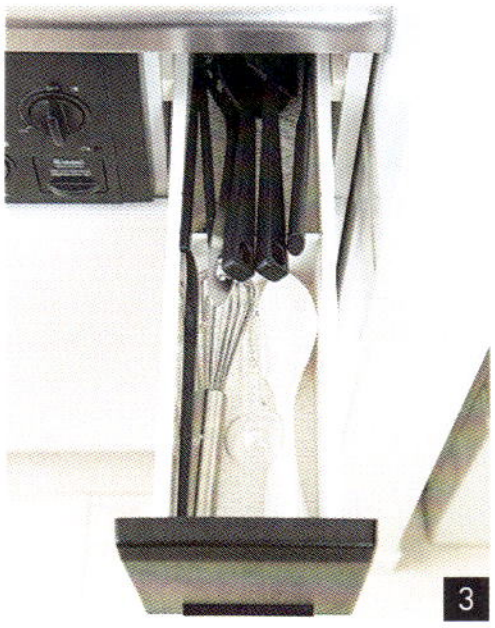

3

2

1 レンジフードにかけてあるのは鍋つかみ。2 五徳のまわりには何も置かず。「汚れたかも」と思ったらすぐに拭き掃除。3 調理道具、今は引き出しにまとめています。

キッチンの背面（65ページ参照）は電子レンジなどの家電やコーヒーセットなど、私の部屋の中では結構ものが集まっている場所。その代わり…というわけではないけれど、こちら側のシンク&コンロまわりはすっきりさっぱり。できるだけ、見せない収納を心がけました。

60ページでご紹介する調理道具たちは、吊るすのも、立てておくのも実は好き。なので過去に遡るといろいろなやり方を試しています。でも今は、引き出しに入れる派。グリル横、調理スペースの下の一番小さな引き出しにまとめています。写真ではわかりにくいのですが、その引き出し側面にニトリのはがせるフックを貼り、菜箸など埋もれそうなアイテムを取りやすくしています。

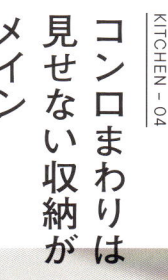

KITCHEN－05

厳選したムダのない調理道具

右からしゃもじ、大さじスプーン、泡立て器、ジャムスプーン、菜箸、フライ返し、スパチュラ、調理スプーン、おたまと、調理道具は使いやすいものを最小限持つようにしています。

ブログを見てくださった方が来てくださることもあるのですが、「結構、ものがあるんですね」と言われます。もっとミニマムにしようとしたのですが私には不自由でした。

たとえば、おたまなどもひとつしかないと、使ったら洗って、また使ったら洗ってと、準備しておかないと次の作業がスムーズにできません。それが私にはちょっと不便に感じられたのです。写真右の上にコロンとしているのは鉄玉子。出番が減っていたのですが、手軽に鉄分補給できる便利グッズ、最近また復活しています。

1 パスタやレトルト食品、素麺など。2 カップ麺、コーヒー豆、缶詰など。3 菜種油、ごま油、ラー油、はちみつなど。4 2 の奥にある黒いディーン＆デルーカの保温冷バッグにはクッキーなどのおやつ兼非常食を。

KITCHEN – 06

非常食も兼ねた食品ストック

3

1

4

2

ガス台の下の収納スペースは食品のストックを置いています。ここで使っているのはニトリのバスケット。スペースをムダなく使える上に、扉を開けたときに目に入ってくる網目の雰囲気がやさしくてお気に入り。

　ふだんから少し多めにストックして、使った分だけ買い足し一定量の備蓄をしておくローリングストック法を取り入れています。なので、災害時でもストレスなく食べられるものを選んでいます。

　また、油類やはちみつなどのストックもここに。以前は見えるところが定位置だったので、油類はお気に入りの器に詰め替えていました。でも今は詰め替え用の瓶を洗って乾かすという手間&時間を省くほうを選んでいます。

KITCHEN – 07

ポリ袋やランチョンマットもひとまとめ

Ⓐ 一番左のペーパータオルは主に食器拭きに使うほか、食材の水けを切ったり、濾したりなど、ティッシュでは無理な場合に使用。食器を拭いたあとはレンジまわりや排水口の掃除にまで使いまわします。Ⓑ 花切りバサミ（ハンドクリエーション）はニトリのフックにひっかけています。

調理スペース下の引き出し（写真A）には、セリアで買ったキッチンの消耗品を入れておくケースを使って、透明のジッパー付き保存袋、排水口ネット、キッチンポリ袋（生ゴミ用）を整理。小さいわりに強力なマグネット（これもセリア）を両面テープで各ケースの側面に貼り付けて3つが離れない状態にしています。そのおかげで引き出しを開閉してもケースはずれません。その横はペーパータオル（スコッティファイン洗って使えるペーパータオル61カット）、奥にはメラミンスポンジのストック、マスキングテープとテープカッター、マジック。これは保存袋や容器に作った日などを書きこむためのものです。

　使いやすいものが必要な数だけあって、それらが出し入れしやす

1

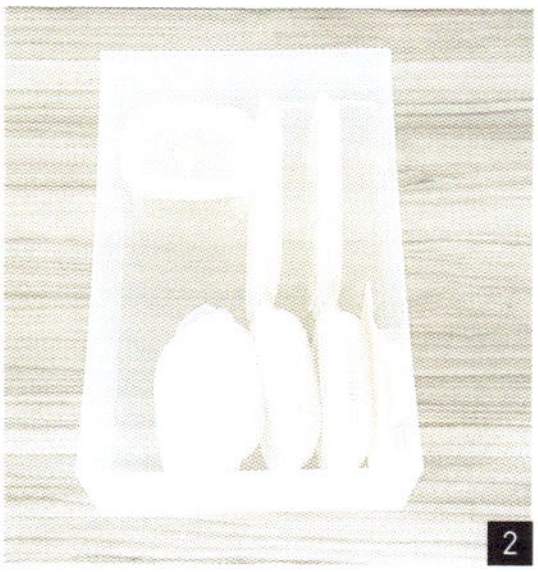
2

3

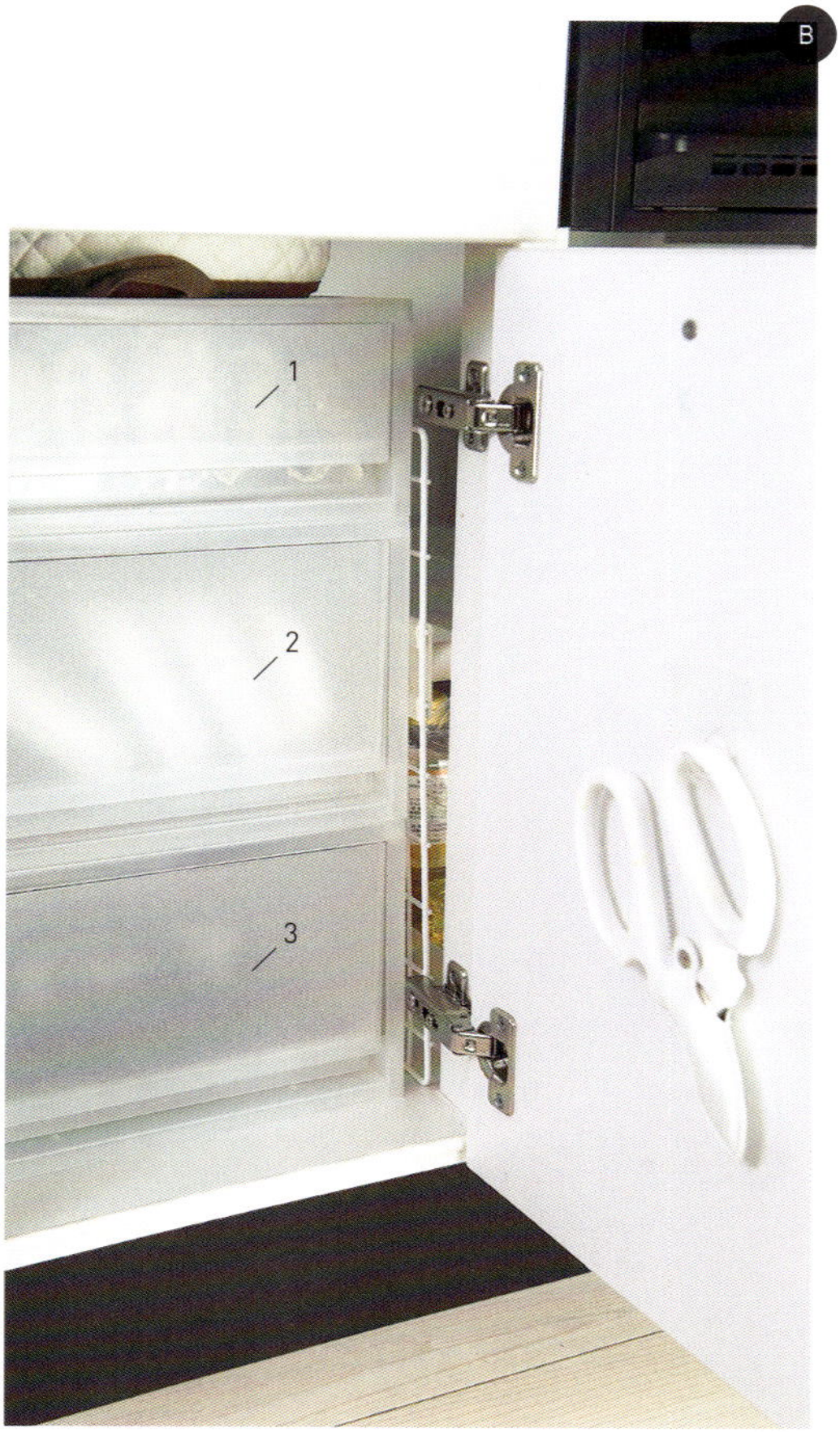

い場所にしっくり収まっている。この条件がすべてそろうって、案外難しいなと思います。「引き出しの幅があと3㎜広かったら！」「棚の高さがあと1㎝上だったら！」。収納に対しては欲がどんどん深くなっていく私。だから、「引き出しを開閉するたびに、ちょっとケースがズレる」なんてことが、もやもやポイントになったりするのです。

　でも調理スペースの下（写真B）に収まっている3つのPPケースはケースの幅・奥行き・高さに対して、入れておきたいものがピッタリ収まって、本当に気持ちいい！　一番上の浅い引き出しにはランチョンマットやふきんの予備など、2段目には作り置きのおかずなどを入れる保存容器をまとめて。3段目にはカセットコンロとガスなどを入れています。

KITCHEN – 08

シンク下にはまな板、鍋、ボウル

鍋やフライパンなどの重いもの、野菜の水切りやボウルなどかさばるものはシンク下に。ここで収納グッズとして長年愛用しているのが、このラック。幅や高さが調節できるので、どんなサイズのシンク下にもぴったりと合わせて使えるのです。

　またニトリのシールフックも大活躍。色も厚みも薄く存在感がないのに、とっても頼もしい！　ピーラー、おろし金、なんとまな板も余裕で吊り下げられるのです。似たようなアイテムが100円ショップにもあったのですが、おろし金ですら落ちてしまいました。フックのおかげで、シンクの扉裏に下準備で使う道具を集められました。ちょうど扉を開けたところにボウルやざるもあるので、便利&安定の収納空間です。

KITCHEN — 09

キッチンの背面には家電を配置

実はこの部屋に引っ越してきたばかりの頃、このスペースの2段目の棚にはズラリと食器を並べていました。"器屋さん"みたいな雰囲気にしたかったのです。でもこのオープン棚はワンルーム唯一の通路。つまりリビングルームから玄関につながる避難経路でもあるので、「万一のとき、食器類が落ちたら…」などいろいろと考え、食器類は扉のある収納スペースへ移動させました。

ミニマムな気分を味わえる、ガランとした2段目の棚。でもちょっと殺風景かなとも思い、ランドリースペースにあったポスターを移動させてみました。

家電類は調理の動線を考えるとここに置かざるをえません。かなりの重さなので、せめてもの対策に、と耐震粘着マットを使っています。

KITCHEN－10

調味料やポットは見せる収納

食器を移動させて、ちょっと寂しくなった2段目の棚の左右の両端に、よく使うものをディスプレイ。見せる収納にチャレンジしてみました。

棚の右端のほうが左の写真。奥右からペッパー&ソルト（岩塩）、オリーブオイル、はちみつ&グラノーラです。オリーブオイルは地元で手づくりされているHIME-LIAのもの。ボトルも素敵なので、そのまま使っています。手前のクリアケースはアマゾンで購入（HomMall 調味料入れ）。入っているのは塩、キビ砂糖、ハーブソルト、唐辛子です。

右の写真はコーヒーをおいしく抽出できる細い注ぎ口がポイントのケトルと、楽天で買ったコーヒーの保温ドリップポット。下に敷いている黒とグレーのフェルトのマットは大好きなsarasa designのものです。

コーヒーグッズはワイヤーバスケットにまとめています。地元の専門店のコーヒー豆は、とってもおいしいけれどお値段もそれなり。来客時やたまに贅沢気分を味わいたいときのみで、ふだんはお手頃価格のものをがぶ飲み。がぶ飲み用コーヒーは粉タイプですが、贅沢用コーヒーは豆をミルで挽いて淹れます。

ある素敵な方のお宅にお邪魔させていただいたときのこと。おやつを味わいながら会話を楽しんでいると、保温ポットに入った温かいコーヒーをタイミングよく入れてくれるのです。小さめのカップにいつも適温のコーヒー。早速マネしています。1日に何杯も飲む私には、こうして準備しているほうがラク。根を詰めて黙々と作業しているときなんて特に便利。

KITCHEN – 11

大好きなコーヒーアイテムをまとめて

KITCHEN－12

棚の下にこっそり。気づかれないゴミ箱

1 ふだん使っているゴミ箱はこれひとつだけ。2 これは来客用のときだけ、リビングテーブルの近くに出すゴミ箱。ふだんはテーブルカウンターの隅に置いています。

いつからか、わが家のゴミ箱はキッチンの1カ所だけに。ゴミの日にあちらこちらにあるゴミ箱から、ゴミを集める手間がありません。今、ゴミ箱の指定席はキッチンの家電などが置いてある棚の下です。

このゴミ箱は、引っ越しを機に買い替えたものです。選んだときのポイントは形が超シンプル、ゴミ箱そのものも掃除しやすい、わが家のゴミの量にベストなサイズ、キャスター付きでラクに移動させられる、そのキャスターが表から見えないことなど。またご覧の通り、蓋がありません。なので開け閉めする手間がなく、ゴミは袋に落とすだけ。生ゴミも入れるけど、毎日コーヒーかすが必ず入るからでしょうか？ 蓋なしでも全くにおいはありません。

KITCHEN－13

絶対に見つからない突っ張り棒

収納=引き出しやケースの中に定位置を作るもの、と思い込んでいた時期がありました。でもいろんなものをいろんなところに吊るしたら、収納ケースに余裕ができて、ケースの中もゆったり使いやすい状態に！　そこで今までケースにしまいこんでいた粘着テープなどを、ゴミ箱奥に突っ張り棒をつけて、左の端っこに吊るしてみました。吊るしてるのに見えない！　出しっぱなしなのに本人が忘れそうなくらい、視界に入ってきません。

白い突っ張り棒にしたいところですが、前の部屋で使っていたものなのでブラウンで妥協（人目につかない場所だし）。右端には可燃ごみを捨てるとき用の袋、ゴミカレンダーを貼ったコースターを下げています。

1

KITCHEN – 14

ミニマムな愛用食器コレクション

はじめは棚1段に収めたのですが、食器がとても窮屈そう。それで2段分を食器用にしました。ちなみにグラス類の下には白いランチョンマット、食器類の下にはグレーのランチョンマット。小さなスペースだけど、雰囲気を変えたくて、こだわってみました。

北欧風の食器を集めた時期もあるのですが、自分の作る料理にあまり合わない気がして、娘に譲りました。私は20代の頃から、ずっと作家さんの器を持つことが憧れ。大人のひとり暮らしになり、その原点に戻ってきた気がします。

特定のブランドや作家さんへのこだわりはありませんが、STROLLで扱っている器は好みのものばかり。その中から「その器を使って、どんな食事や飲み物をいただくか」というイメージがすっと自分の中に湧いてくる器を購入しています。

KITCHEN

1 一番上の棚がグラスやガラスの器、マグカップなど。2 2段目が食器。お客さまが来ることを考えると、今のところ、これ以上食器を減らすのは無理そうです。

KITCHEN – 15

製菓グッズや工具もすっきり管理

食器類の下にある下の黒いボックスは工具類、お菓子を作るときに使うグッズ、日用品などのストックと、グループごとに分けて収納しています。蓋付きの黒いボックスは無印良品のもので、数年前から愛用。以前はクローゼットの中で使っていたこともあります。

写真3は紙袋のストックです。以前はサイズの大きな紙袋に入れていたのですが、今は布製のランドリーバッグを紙袋入れに。ワイヤーが入っているので、しっかり自立して、丈夫で、出し入れもスムーズ。紙袋入れとしてはかなり贅沢かも。

紙袋を使う場面を想定して、人にそのままお渡ししても恥ずかしくない程度しっかりとしていて、きれいな紙袋だけをストックしています（あっ、紙ゴミ用の紙袋も少しだけありました！）。

KITCHEN

1 製菓グッズ。その上には常備薬などを入れているブレッドケース（リグティグ）。2 工具類。上の丸い形のものはお菓子を入れたりするのに使うフェルトのケース。3 紙袋のストック。4 大きいボックスには日用品のストック。上に置いているボックスには紙ゴミ。

1

3

4

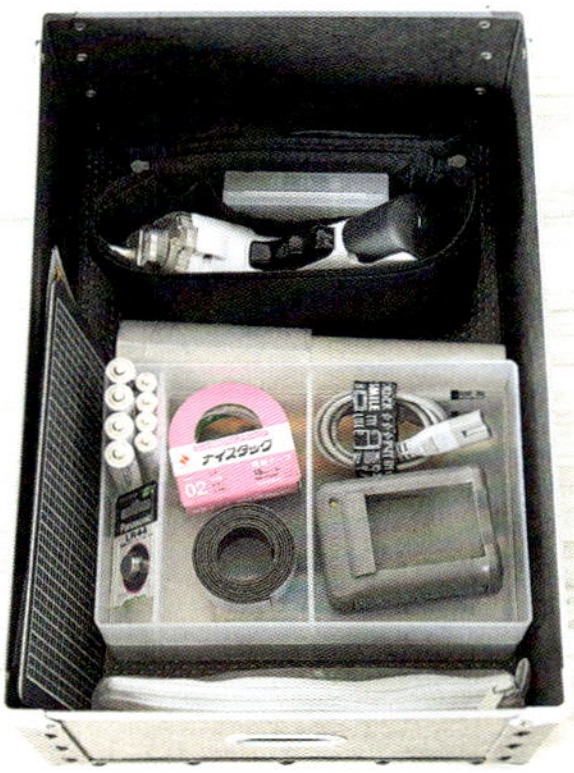

2

4

EAT

食

体にいい、よりも「おいしい」という気持ちを大切に

体にいい食べ物、いっぱいありますよね。
私も健康を意識して食べるものを選ぶようになりましたが
「無理はしない」よう心がけています。
というのも、こんな失敗経験があるからです。
少し前ですがぬか漬けにチャレンジしたことがあります。
周囲からもぬか漬け作りを勧められ
「体にいいことなら、よし！　私もやってみよう」と決意。
作り方を習いにも行き、手作りキットを買いました。
毎日ぬか床をせっせとかき混ぜて、いろんな野菜を投入。
ぬか漬けを作ったまではよかったのですが、

な、な、な、なんと！　そもそも
「私はぬか漬けの味があまり好きではない」
ことに気づいてしまったのです。でもせっかく作ったぬか漬け。
ムダにするわけにはいきません。
「体にいいものなんだから、頑張って食べよう」
「食べ物は大切にしよう」と言い聞かせて、
口に入れるものの、うれしい気持ちにならない。
それで結局ギブアップ。
いくら「体にいい」ものでも、「食べるのに頑張る」ことは、
私には不向きでした。
以来、自分のできることをできる範囲で、
「おいしい」「楽しい」を優先するようにしました。
ちなみに「体にいい食事」で無理なく続けられているのは、
「まごわやさしい」食材、ヨーグルトや納豆などの発酵食品など。
収納も食事もすべて「好き」で「心地いい」のが一番です。

EAT – 01

備蓄庫を兼ねた大きめの冷蔵庫

冷蔵庫は3年前に購入したもの。ひとり暮らしにはちょっとサイズが大きく、空きスペースだらけ。それならいっそ、収納スペースのひとつとして考えればいいじゃないか、という結論に。「砂糖は入れたほうがいい？」「塩は？」「片栗粉は？」とあれこれリサーチ。調べてみると、いろんな見解があるようなのですが、その中から、納得できる方法を選択して、たどりついた着地点がこんな感じ。下段の野菜室には味噌&お米。下から2段目には野菜、3段目のケースにはチーズ、ベーコン

やハムなどを立てて収納、手前はバターケース。一番上の段には梅干し、ピクルス、もろみ味噌、左には大好きな納豆ともずく酢！

冷蔵庫のドアポケットはご覧の通り。からしやわさびなどチューブ類は、以前はひとつずつ小さなホルダーに入れていたけれど、今はケースにまとめています。料理のとき、まとめてポンと出してきてホイッとしまえるほうが私にはラクだったみたい。ドアポケット最上段の保存容器の中にはわかめ、ごま、きなこが入っています。

冷凍室に入っているのは作り置きのおかずなど。作り置きの冷凍おかずは、セリアのフリーザーバッグに入れ、スライド調整できる仕切りで立てて収納。野菜室には片栗粉や薄力粉、海苔、昆布、だしなどが入っています。

EAT－02

玉ねぎやじゃがいもはかごに入れて

週末にまとめ買い派、数日おきに必要なものを必要な分だけ買いに行く派、日々の食材の買い物スタイルは人それぞれ。私も子育て真っ最中の頃は、時間に追われていたので、まとめ買いが便利でした。

でも今はひとり暮らしなので、食材もたくさんは必要なし。外食に誘われることも多くなったし。おまけに買い物に便利なところに住んでいるので、基本的に食材は近所のスーパーで使いきれる量を買うようにしています。

とはいえ、なかなかいっぺんに使いきれないのが、玉ねぎやじゃがいもなど。常温で保存する野菜なので、通気性のいいかごに入れ冷蔵庫の上に。布は目隠しのつもりだったけど、この布が一番じゃがいもの芽が出るのを防げました。

EAT－03

「まごわやさしい」を意識して買い物

栄養バランスのとれた食事をとるためのコツ、「まごわやさしい」。ご存じの方も多いと思いますが、ま＝豆類、ご＝ごま、わ＝わかめなどの海藻類、や＝野菜、さ＝魚、し＝しいたけなどのきのこ類、い＝いも類です。できるだけ意識していますが、若干ゆるめなところが私流。

ごま、わかめ、野菜、きのこ類は大好きで、ふだんからよく食べているので問題なし。豆は豆が原料の味噌でもOKとしています。

父が居酒屋をやっていて、そこで食べる魚がおいしすぎるので、実は私にとっては「さ（＝魚）」がハードルの高い食材。買って自分で料理するぐらいなら父のお店で…と手が出にくくて。そこで、「魚はツナやさばの缶詰などでもよし」、としています。

EAT－04

ヘビロテメニューを冷凍作り置き

私は自称、味オンチ。何を食べてもおいしいと思います。もしかしたら、ふだんの料理の味つけが薄めのせいなのかもしれません。ただなぜか、冷凍した野菜と生の野菜では微妙に味が違う気がするのです。

でもしっかり味つけした料理の冷凍はOK。まとめて作って冷凍しておけば、「ああ、疲れた！　今日は料理する気になれない」というときに便利。そこであれこれ試して、「冷凍↓解凍して食べてもおいしい」と思えた献立だけを作り置きするように。それがキーマカレー、豚肉のしょうが焼き、ハンバーグ。簡単で飽きのこないお気に入りのメニューです。

▼

キーマカレー

［作り方］

1 玉ねぎやセロリなどハンバーグの材料の他、にんじんやしめじ、ピーマンなど野菜をみじん切りにする。
2 鍋にオリーブオイル、にんにく、しょうがを入れてから火をつけ、香りが出てきたら、みじん切りにした野菜を加えて炒める。
3 合いびき肉、塩、こしょうを入れ、さらに炒め、肉の色が変わってきたらトマト缶、コンソメ（顆粒）、水、ローリエを入れて10分ぐらい煮込む。
4 火を止めてからカレー粉（ルウ）を入れ、弱火で15分ぐらい煮込む。

豚肉のしょうが焼き

[作り方]

1 かえし（82ページ参照）、味噌、酒、きび砂糖、にんにく、しょうが、ごま油を混ぜ、その中に広げた豚肉を浸す。

2 1〜3時間ぐらい浸して、味がなじんだら冷凍。食べるときは自然解凍し、菜種油を引いたフライパンに入れて、焼く。

ハンバーグ

[作り方]

1 玉ねぎ（その日の気分でにんじんやしめじなども）をみじん切りにして、菜種油で1分炒める。

2 ボウルに卵、牛乳に浸したパン粉、炒めた玉ねぎ、みじん切りにしたセロリ、ナツメグ、こしょうを入れて混ぜ、あらかじめ塩を混ぜた合いびき肉と合わせる。30分冷蔵庫で寝かせてから、成型し、フライパンに入れ、蓋をせず弱火でゆっくり焼く（焼き油は使わない）。

3 焼き目がついたら裏返し、アルミホイルをかぶせてさらに弱火で10分焼く。火を止めそのまま5分おいたら、でき上がり。

EAT－05

父直伝、かえしとポン酢

かえし

［作り方］

前の晩に昆布をしょうゆにつけておく（しょうゆ250mℓに対して8cmぐらいにカットした昆布を入れていますが、割合は適当でOK）。鍋に、昆布をつけたしょうゆと同量のみりんを入れ弱火にかける。沸騰する前に昆布を取り出し、ひとつかみのかつお節を入れて、火を止める。そのまま冷まして、粗熱がとれたら、かつお節を濾して、保存容器に移す。

ポン酢

［作り方］

ミツカンぽん酢、かえしを1：2の割合で混ぜる

最近、食卓に和食が登場する頻度が上がった気がします。もちろんパスタなども外では食べるけれど。家では肉じゃが、煮物や和え物など、ものすごくふつうの和食を食べます。

そんな和食派の冷蔵庫に常備している自家製調味料が「かえし」と「手作りポン酢」です。「かえし」は祖母から教わったものがヒントになり、いろいろ調べて私が作りやすいレシピにたどりつきました。これひとつで結構なんでも味が決まり、おいしく仕上がるのです。煮物の味つけにはもちろん、水(湯)を加えるだけで、めんつゆや天つゆとしても使えます。

ポン酢は居酒屋をしている父おすすめの調合。それに、少しアレンジを加えて作っています。興味がある方はお試しを。

EAT－06

新陳代謝するレシピアルバム

雑誌やインターネットのサイトなどで「おいしそう」と思う料理を見つけると、試してみます。1回作ってみて、「なるほど」と満足してそれきり作らないものもあれば、「また作りたい」と思うものもあります。「また作りたい」と思うレシピの中で、細かい手順や調味料を忘れてしまいそうなものだけ、料理の写真&作り方をファイルして、レシピノートとして残します。

レシピノートも作ったら作りっぱなしではなく、時々見直してチェック。不要なものは処分して、新陳代謝させています。

大活躍！ ニトリの便利グッズ

100円ショップも便利でよく利用しますが、実は
自分でも驚くほどニトリのグッズを愛用しています。
どれも使いやすく、お値段以上の働きをしてくれます。

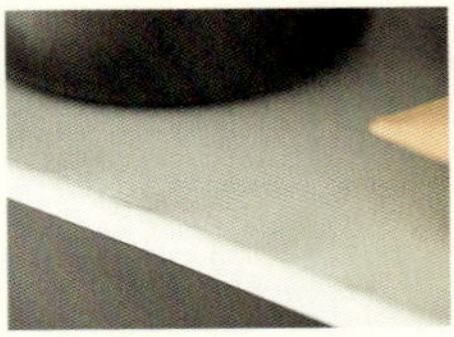

防虫シートを シンク下で

鍋で棚板に傷がつかないように敷いています。存在感がないところがお気に入り。

食器収納に ウォールシェルフ

段差を作って、食器を重ねず取り出しやすく。クローゼットでも使用。

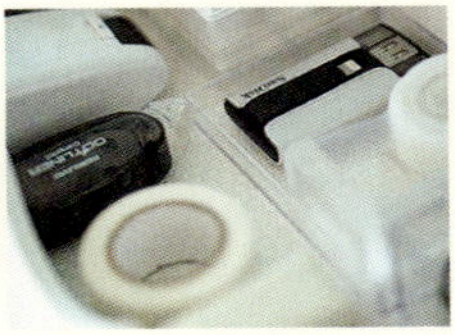

引き出しの中に すべり止めシート

食器棚で使っているのと同じ。小さな文具がズレるのを防いでいます。

見た目もかわいい マグネット鍋敷き

未使用時は冷蔵庫にくっつけておけ、汚れたら洗い流すだけで手入れもラク。

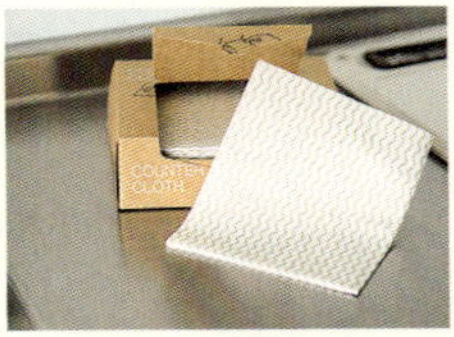

キッチンで使う カウンタークロス

シンクまわりの掃除に使用。吸水性もよく拭き上げるときのサイズがベスト。

クローゼットで 吊り下げ収納

吊り下げることで床にケースを置かずにすみます。クローゼットの中で、シーズンオフの洋服収納に使っています。

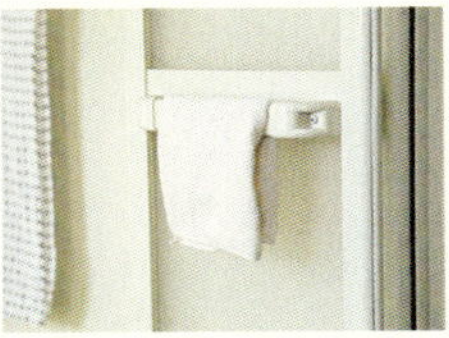

マイクロファイバー キッチンクロス

厚手なのに、乾くのが驚くほど早いんです。お風呂や洗面台の掃除に使用。

オールステンレス 伸縮物干し

伸縮するので使っていないときの置き場所が省スペース。丈夫なのも魅力。

3 大人のおしゃれと健康管理

MY LITTLE HOME FASHION

洋服は試行錯誤中。やっと楽しくなってきた

「どうせ何を着たって似合わないんだから、試着したって一緒」と40代後半になるまで、ほとんど試着というものをせずに洋服を買っていました。そんなふうに適当に服を買っていたので、当然その服には愛着が持てずにいました。

ところが昨年、骨格スタイル診断をしてもらったことをきっかけに、洋服選びがグンと楽しくなったのです。

「似合わない」のは、自分の骨格に合っていない服を選んでいたから！

自分に似合う服選びの基本がわかるようになったら、同じ失敗を繰り返すことがなくなってきました。

「似合う服を知っているって、こんなに楽しいことだったの？」

大人になった今、ようやくその喜びを知りました。

FASHION

ファッション

FASHION－01

季節外のものも すべて見渡せる クローゼット

選んだ服に愛着を持つようになったら、「クローゼット愛」もより深まりました。

クローゼットは家族や友人、お仕事をさせていただいたお客さまなど、「見たい」とおっしゃる方、誰にでも公開しています。「本当に衣装ケースないんだ!」とみなさま驚かれます。そう、確かにそうなんです。ふと気づけば、引き出しや蓋のある収納がひとつもないわが家のクローゼット。でも今の私にとってベストな収納方法を見つけたので、使いやすくて、いつもすっきり。

洋服の数はそんなに多くはありません。というか、このクローゼットで見えているもので全部です。一時期、持っている洋服をすべてハンガーにかけてみたことがありました。「そうすれば衣替えしなく

1 ブランケットや毛布など。夏は掛け布団や電気毛布もここへ。2 シーズンオフの衣類収納のラックは奥へ。3 手前にオンシーズンの服をハンガーにかけています。4 布団類はクローゼットの足元に収納。

3

4

てすむし」と思ったのです。でもやってみたら、収まりはしたものの、さすがにギュウギュウ詰めになって風通しが悪そう。

今はオンシーズンのものはハンガーにかけ、オフシーズンのものはたたんで、吊り下げたラック（細かな千鳥格子模様です。ニトリ吊り収納5段）に入れています。

また最近、使っていて心地いいと思う靴下や下着類などの種類、必要な量が定まってきました。それらの収納と出し入れの動線を考えていたら、「ちょうどよさそうなのが無印良品にあったかも」と思い、ネットストアで商品を検索し、何度も脳内シミュレーション。「間違いない。これ、絶対にうちのクローゼットに合う！」と購入したのが無印良品の、吊るせる収納・小物ポケットです。

5 無印良品の吊るせる収納・小物ポケットは下着や靴下などの収納に最高！　そのポケットに同じく無印良品のアルミ直線ハンガーをひっかけています。**6** 見えにくいクローゼットの手前側の壁に下げています。

白いクローゼットにブラックな収納ポケット。ちょっと重々しくなるかなぁ…というのが気になりましたが、実際に下げてみたら全く問題なし。片側に6つのポケットがあるのですが、それぞれに下着とハンカチを入れています。ひとつひとつのものが収まる部屋が決まっていると、出し入れがこんなにラクなんだなとあらためて実感。しかもメッシュ素材なので、出し入れのときの手に触れる感覚が優しくてホッとします。裏側は大きめのポケットとネクタイをひっかけられるループがついているので、そこはタイツ（ストッキング）や靴下の収納に。

靴下は無印良品のアルミ直線ハンガーにかけています。洗濯して干して、乾いたらそのままここにひっかけるだけです。

私が愛用しているハンガーはドイツ製のMAWAハンガー（楽天で購入）。商品の紹介を見るといろいろな形があるので、どれにしようか迷いました。私が好んで着る服にはエコノミッククライトという形が合っているみたい。とにかくニットの型崩れがほとんどないので、シーズン中かけっぱなしでも全く問題ないのです。それに軽くてスリムで、すべらない（全体にノンスリップ加工がされているそう）。商品説明には、「洗濯用としても使える」と説明があったので、洗濯ハンガーとしても兼用しています。

ちなみにスカートをかけているのも同じくMAWAハンガー。両端のところで生地を支えているんだけど、少々引っぱってもずり落ちることはありません。

FASHION - 02

服がすべらないMAWAハンガーで統一

FASHION－03

手持ちの服はアプリで管理

パジャマ兼部屋着を除いて、私が持っている服は30着前後。それでもお店に行くと、持っている服との脳内コーディネートがうまくできなくて悩んでいました。

それで、手持ちの服すべてを画像で保存。お店でも確認できるようになったら、ものすごく便利！　迷ったらこれを見せながら店員さんに相談することも。

試着せずに適当に服を買っていた頃から考えると、かなりの進歩です。骨格診断を受けたこと、信頼できる店員さんと出会ったことなどが理由だと思うのですが、最近着ている服を褒めていただくことが多くなりました。

「大人のおしゃれ道」、歩きはじめたばかりで失敗もありますが、かなり楽しくなりそうな予感です。

FASHION - 04

ストールは年間3枚で充分

季節の変わり目や気温差のある時期は重宝するストール。ドアを開けた瞬間に肌寒さを感じることも多いので、サッと持って出られるように、玄関の靴箱にスペースをつくっています。

右は無印良品で買った、やわらかな素材がたまらなく気持ちのいいストール。優しいグレーと白のグラデーションも私好みで、主に夏の冷房対策として使っています。

真ん中は通りすがりに見かけて買ったものです。柄物がひとつくらいは欲しいなと思って。

左は娘からのプレゼント。タグをはずしてしまったのでメーカーがわかりませんが、センスのいい巻き方がわからない私には、かぶるだけでOKのスヌードはとても重宝しています！　さすがは娘、私のことをよくわかっていますね。

FASHION－05

靴は8足でまわしています

おしゃれなブーツやパンプス、レインシューズなど、以前はそれなりの数の靴を持っていました。でもワンルームへの引っ越しを機に、靴の整理をしました。「デザインは好きだけど、長い時間履くと足が痛くなる」「デザインも履き心地も気に入っているけれど、持っているどの服にもしっくりこない」「骨格診断を受ける前に持っていた、私に似合わない服に合わせて買っていた」「この靴に合う服を探すのは大変そう」な靴は、友人に譲るなど思いきって処分しました。

そんなふうに1足ずつきちんと検証した結果、靴箱の中は正真正銘必要な種類と数になりました。この範囲でこれからのその時々の私にベストな靴との出会いを楽しもうと思っています。

FASHION – 06

玄関で選ぶ愛用アクセサリー

身支度を整えて、最後の最後につけるので、アクセサリーや時計は玄関の収納スペースに置いています。実は、あまりアクセサリーは得意ではありません。つけていこうと思っていたのに忘れたり、帰ってきてからはすぐにはずすのを忘れたり。

また、ふだんつけ慣れていないせいか、「ネックレスがゆがんでいないかしら」と心配したり、不意に何かにあたるのが気になったり。

だから持っているアクセサリーはかしこまったとき用のパールと、つけていてあまり気にならないピアスなど、ごくわずか。天然石のブレスレットは友人が作ってくれたもので、お守りのような存在。アクセサリーをつけない分、首まわりにデザイン性のある洋服を選ぶことが多くなりました。

バッグ選び、私のこだわりポイントは縦型より横型でできればリュックにもなるもの、クタッとなるより自立するタイプ、肩が凝りにくいように軽め、中の仕切りが多すぎないなどなど。でもひたすら探し回って、「これだ！」と思ったのに、使ってみたらイマイチ…と、何度も失敗してきたような気がします。

また歳を重ねることで好みや必要な条件が変わり、愛用していたものが、不釣り合いになることも。だからバッグは新陳代謝させていけばいいと思っています。

ストールの右側のバッグが仕事用。自転車移動も多いので、ショルダーにもリュックにもなってとにかく便利。手頃なものばかりだけど、いずれも私の身の丈に合った使いやすいバッグたちです。

FASHION – 07

自分に合うバッグがそろってきた

FASHION－08

お財布兼用のポシェットが便利

1

年ほど前に買ったお財布ポシェット（リリーレッセフェール ウーノ 3wayお財布ポシェット）は、とても便利です。いつでもどこでも出かけるときにサッとひっかけて、両手が空いている状態でいられるのが快適なのです。

中に入っているのは現金、カード4枚、ハンカチ、ティッシュ、頭痛薬、絆創膏、リップクリーム、メモ帳。そしてiPhoneまで入ります。

お札の出し入れは今まで使ってきたどのお財布よりも余裕があるのでかなりラク！ 私は長年がま口派だったので、わりと厚みのあるものが多かったのですが、出し入れしやすく、必要なものがちゃんと収まって、すっかりお気に入りのお財布ポシェットです。

HEALTH－01

スキンケアも メイクも シンプルが自分に 合っている

高校を卒業して就職したのが、化粧品メーカー。だから若い頃はスキンケアもメイクもバッチリ(?)していました。でも肌質のせいか、いくらしっかりメイクをしても、1〜2時間すると化粧品の色が肌になじむというか、色を吸い込んでしまうのです。退職してからは「やってもムダ」と、ずっとこだわれず。

ところが最近、肌なじみのいいブラウン系のパレット(写真13)にスキンケアアイテムもメイクアイテムも、なんだかいろいろまとまってきて、身支度がかなりラクになりました。
1 メイク時に髪をとめるピン **2** 眉カット用ハサミ **3** 眉用コーム **4** N organic のローション **5** N organic のセラム（美容乳液） **6** ビューラー **7** 制汗剤 **8** BBクリーム（KATE） **9** まつ毛用美容液（リバイタラッシュアドバンス） **10** マスカラ（D.U.P パーフェクトエクステンション） **11** スティックコンシーラー（KATE） **12** チーク＆ハイライト（ADDICITION ザ ブラッシュ） フェイスパウダーだと仕上がりがマットすぎるなぁと感じていたので、代わりにハイライトで仕上げ。肌に自然な艶感が出せます。**13** 5色セットのアイブロウパウダー（ルナソル スタイリングアイゾーンコンパクト） ベージュからブラウンの濃淡で私が使いやすい色ばかり。この2種類のブラシがついているおかげで、アイブロウとしてもアイシャドウとしても使えます。

出会い、TPOや気分によって、色の濃淡を変えるメイクを楽しむように。こういう使い方なら、どの色もまんべんなく使えます。

ふだんは基礎化粧品をつけ、BBクリーム、チーク&ハイライト、アイシャドウ&アイブロウ。チークやアイシャドウの入れ方で顔の雰囲気って変わるし、眉の形を変えるだけでも遊べます。

スキンケアにかける時間もアイテムもできる限り少ないほうがいいと、ずっとオールインワンを愛用。でも40代後半になり、何かが足りない…。そして見つけたのが、今の肌にしっくりくる、Norganic（エヌオーガニック）のローションと美容液。顔につけるものは無香料がいいと思っていたけど、この柑橘系の香りはとても好みです。

HEALTH－02

石けんで手ぬぐい洗顔肌は絶好調に

体も顔も1個の固形石けん&手ぬぐいで洗ってます。

手ぬぐいの生地にもいろいろあるらしく、総理生地というのがキメも細かくて肌にはいいそう。私も前は総理生地の手ぬぐいを使っていました。でもなかなか気に入る色や柄がないので、現在愛用しているのは、総理生地よりも少しだけ目が粗いもの。でも使い心地は全く問題ありません。

手ぬぐい洗顔だとクレンジングが不要なので、毎日のスキンケアがラク。メイクをした日も、石けんでクレンジング兼洗顔→ローション+セラムだけ。これに週1回ぐらい、湯船にのんびりつかりながら泥パック。たいしたことはしていませんが、必死にあれこれ塗っていた数年前よりも、今のほうが断然肌の状態がいい感じです。

HEALTH – 03

セルフネイルは癒しの時間

食

事会やセミナーなど、少し背すじが伸びる場面に出かけるときにネイルをつけていきます。といっても派手な色は苦手なので、手元にあるのは肌なじみのいいカラー2色とベース、トップコートのみ。半年ぐらい、仕事でつながりのあるネイルサロンに通ったこともあるのですが、私のおこづかいでは続けられず。

ネイルサロンの先生いわく、「爪先からいい運気が入ってくるので、きれいにしておいたほうがいい」。このことばが心に残っているので、今は自分で爪のお手入れをしています。

ネイルグッズが入っているのはTowerというシリーズのツールボックス。写真では目立っている黒と白のコットンひもはラッピングに使うもの（なぜ、ここに!?）。

HEALTH－04

口腔ケアは大人のたしなみ

人がしていて感じがいいと思ったことは、一度はやってみるのが私のモットー。そのひとつが口腔ケア。食事をしていても、会話していても、いつでもさりげなくフワッとさわやかな香りをさせている友人がいて、ぜひとも私もそうありたい！　そして買ったのが飲むタイプのブレスケア。ずいぶん前に〝噛むブレスケア〟を使ったことはあったのですが、私には刺激が強すぎました。

歯ブラシだけでなく、歯間ブラシや糸ようじも使ってお手入れします。舌用クリーナーで舌苔を落としたり、マウスウォッシュでうがいをしたり。口腔ケアは自分が健康でいるためだけでなく、人に不快な思いをさせることなく、会話を存分に楽しむために欠かせない習慣です。

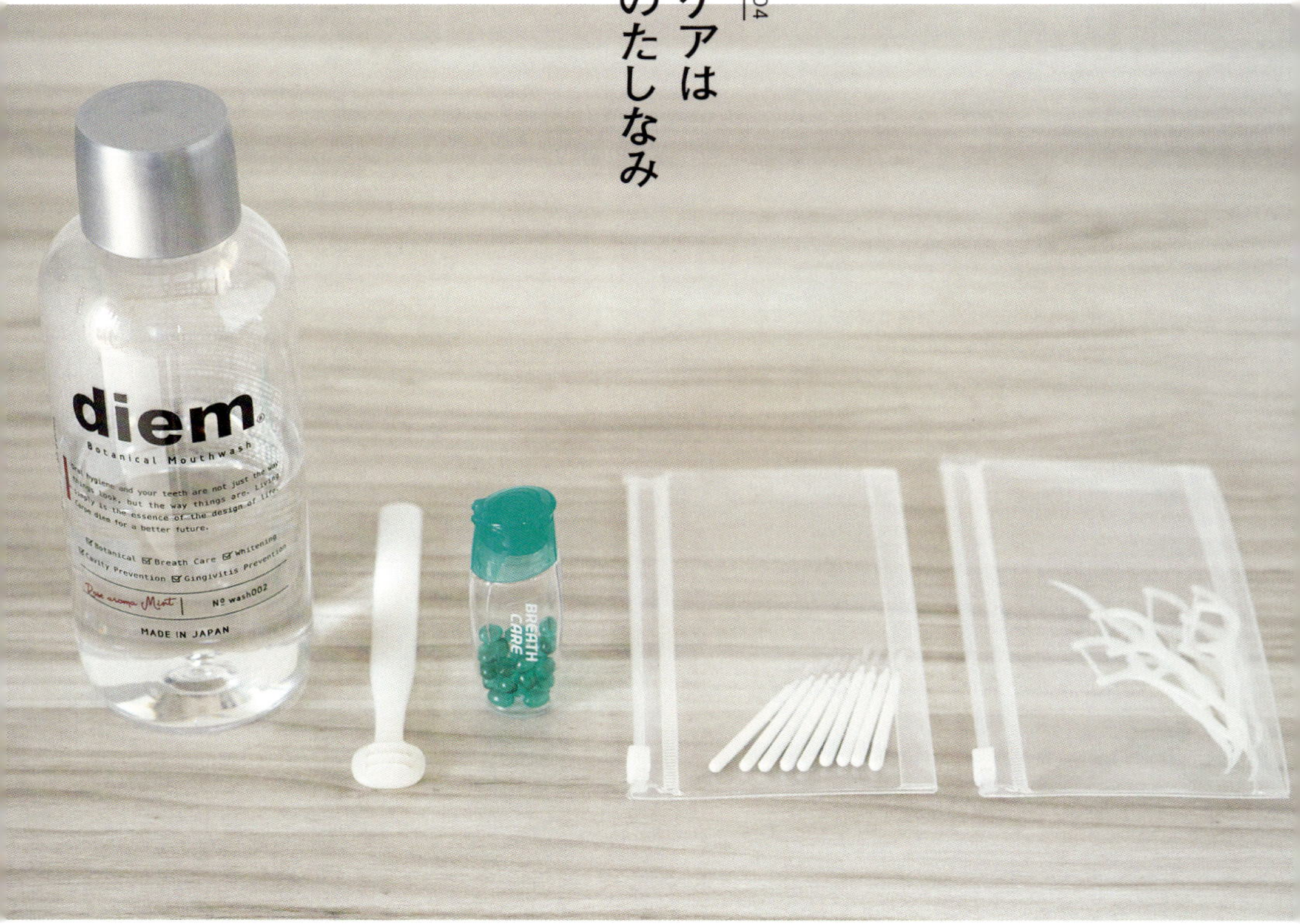

HEALTH – 05

体重計とアプリの連動で体調管理

37 ページでもご紹介したマルティファンの体組成計、人生で出会った体重計の中で一番相性がよかったものです。「健康管理のため、体重測定を」と思っても、なかなか継続できなかった私でさえ、購入以来、ずっと欠かさず計測し続けています。それはiPhoneと連動して使えるから。Yolandaというアプリを開いて体組成計に乗りさえすれば、数値をグラフでわかりやすく記録してくれるので、毎日それを見るのが楽しくて！　また計測が完了したときの独特のメロディもツボなんですよね。「ぽよ〜ン」となんだか気の抜けた音に癒されます。

毎日自分の状態を確認する、という習慣が私にはかなり効果があったよう。気づけば自然に体重が減っていました！

HEALTH – 06

たためるヨガマットでストレッチ

一度ヨガの体験レッスンに参加したことがあります。でも「自分のあまりの体のかたさにがっかり！」で、あきらめてしまいました。もともと、どこかに通って何かをする、ということが続かない性分。なので、家の中でストレッチをすることに。

かたくなった体をほぐす、肩こりがラクになる方法などを検索し、やりやすいものを取り入れています。そのときに使用するのが、このヨガマット。最初は丸めるタイプを買ったのですが、コンパクトで収納しやすいものにチェンジ。

厚さ4㎜と薄手で、折りたたんでこのサイズ（縦30×横24×高さ8㎝）になるのが魅力。毎日使うものだからこそ、片づけたときの状態まで納得できるものを手元に置いておきたいのです。

HEALTH – 07

快眠のための準備は大切

子育て奮闘中の名残だと思うのですが、夕食の後片づけをして、入浴&お風呂掃除もすませて寝る前のひとときになると、「さあ、私だけの時間」とワクワクするんです。ひとり暮らしの今は、全部自分の時間のはずなのに不思議ですね。

この「私だけの時間」は、録画していたドラマを観たり、大好きなブロガーさんのブログを読んだり、映画を観たり（Ａｍａｚｏｎプライム会員なので無料で観られる映画があるのです）。映画を観ながら爪のお手入れをしたり、その流れでハンドマッサージをしたり、軽くストレッチをしたり。

また、ウイスキー入りの紅茶、シナモンのきいたチャイ、ホットワインなど体がぽかぽかしそうな飲み物を楽しむこともあります。

アロマオイル、キャンドル、ライターはTowerというシリーズのツールボックスにまとめて、リビングのサイドテーブル内の収納スペースに入れています。

HEALTH－08

部屋を暗くしてアロマでリラックス

大好きなショップ、STROLLで出会ったアロマポットはくつろぎタイムの必需品。キャンドルに火をつけると、アロマオイルの優しい香りがゆっくりゆっくり広がっていくのと同時に、ふわ〜っと心身ともにリラックス。

夜寝るまでの時間にひとりで楽しむだけではもったいないので、来客があるときにたいてみることも。この部屋に来てくれた人たちにも「なんだか落ち着くな〜」と思ってもらえたらうれしいので。

家にあるアロマはラベンダー、スイートオレンジ、グレープフルーツの3種類ですが、出番が多いのはやっぱりラベンダー。部屋に香りがじんわりと広がってその香りを深〜く吸い込んでいるときのなんともいえないほぐれ感。贅沢な時間を満喫できます。

4 働くこと、これからのこと

MY LITTLE HOME LIFE

WORK

仕事

好きなことが仕事になりました

ずっと専業主婦になるのが夢でした。
温かくて穏やかな家庭をつくるお母さんになる。
そんな未来図を描き、そんな思いを抱いて、結婚生活をスタート。
でも現実は厳しく、憧れていた専業主婦生活はかなわず、
娘を保育園に預けて、毎日仕事に追われるワーキングマザーに。
やがてシングルワーキングマザーになりましたが、
家計のためだけの仕事はストレスフル。
料理しながら眠ってしまいそうになるほど、しんどい日もありました。
そんな家計も時間も余裕のない私の趣味、
生活の中の楽しみが、模様替えやお片づけでした。
子どもの頃から、自分の部屋を赤と白のインテリアで統一したり、
ナチュラルな家具でそろえてみたり。

大人になってからはモノトーンにはまったり、
風水を知って、部屋ごとに色を変えるなんていうことも試しました。
何回目かの引っ越しのときのことです。
「次こそ、もっとおしゃれに暮らしたい！」
その参考のためにと調べている内に、
いろいろな方がブログでご自宅を公開されていることを知りました。
世の中には自分なりのこだわりを持って暮らす素敵な方たちがいっぱい。
そこには、今まで自分が想像さえしなかったような
すばらしく楽しい世界が広がっていたのです。
「ふつうの人たちが、こんなに素敵な生活を見せてくれる！」という喜びが、
「私もやってみたい！」に変わるまで、そんなに時間はかかりませんでした。
そして7年半前によちよち歩きでブログをスタート。
ブログを始めたことがきっかけで、たくさんの出会いがあり、
趣味だった「模様替え」が、今ではお仕事になりました。
「人生の最後は好きなことで仕事をしたい」と以前から言っていた私、
整理収納アドバイザーとして働ける今、とってもしあわせです。

WORK – 01

書類など紙類は2穴ファイルとボックスで整理

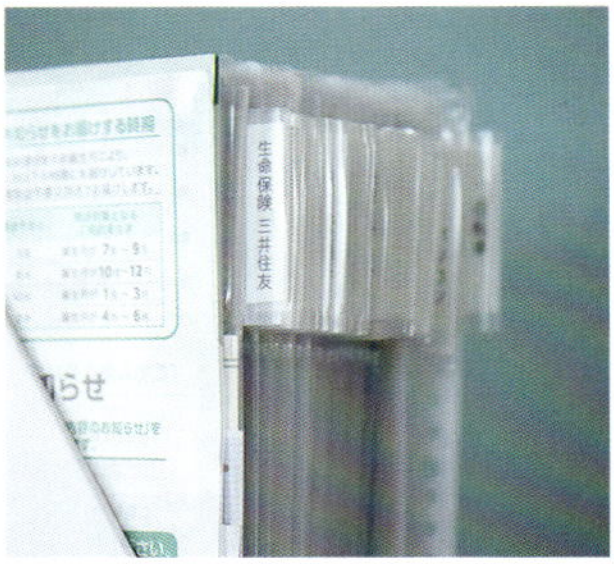

取扱説明書や保険証券など大事な書類はクリアファイルに入れてボックスへ。ファイルにはピータッチキューブで作ったラベルを貼ります。必要なときに必要なファイルだけ、書類を傷めずに持ち出せて便利。

放っておくとどんどんたまっていくのが書類や領収書などの紙類です。まず書類や紙類は仕事用かそれ以外か、長期的に保管するものか一時的に保管するものか、などでグループ分け。そしてその目的や用途ごとに収納アイテムを選ぶ。ちょっと遠回りなように見えるけれど、実はこうやって段階を踏んで整理するほうが、使いやすい収納にたどりつくのが早いのです。

たとえば毎月動かすことがあるものたち＝確定申告資料、領収証・請求書・納品書、仕事用資料などは、見やすい状態にしておきたいので、2穴のパイプファイル（楽天で購入したモノクロームシリーズ）に。保険証券などの重要書類はクリアファイルに入れてから、まとめてボックスへ。

なるべく収納アイテムは増やしたくなかったのですが、作業効率と片づけやすさを優先して、カウンターテーブル上に楽天で購入したケース(iPad・タブレット収納&机上台)を置くことにしました。おかげで、文具類の出し入れが快適になったし、仕事モードへの切り替えも早くなった気がします。

一番上はライト(就寝前にオン、タイマーでオフ)とペン立て、小物入れ(中にはクリップ)。iPhoneやカメラを置くことも。

引き出しの中はご覧のように出し入れの頻度が高い文房具の指定席。すっきり&機能的で気に入ってます。一番下のトレーは引き出せるようになっていて、ハガキで作ったプライスリストや名刺、領収証などをしまっています。

WORK – 02

文房具もすっきり管理で使いやすく

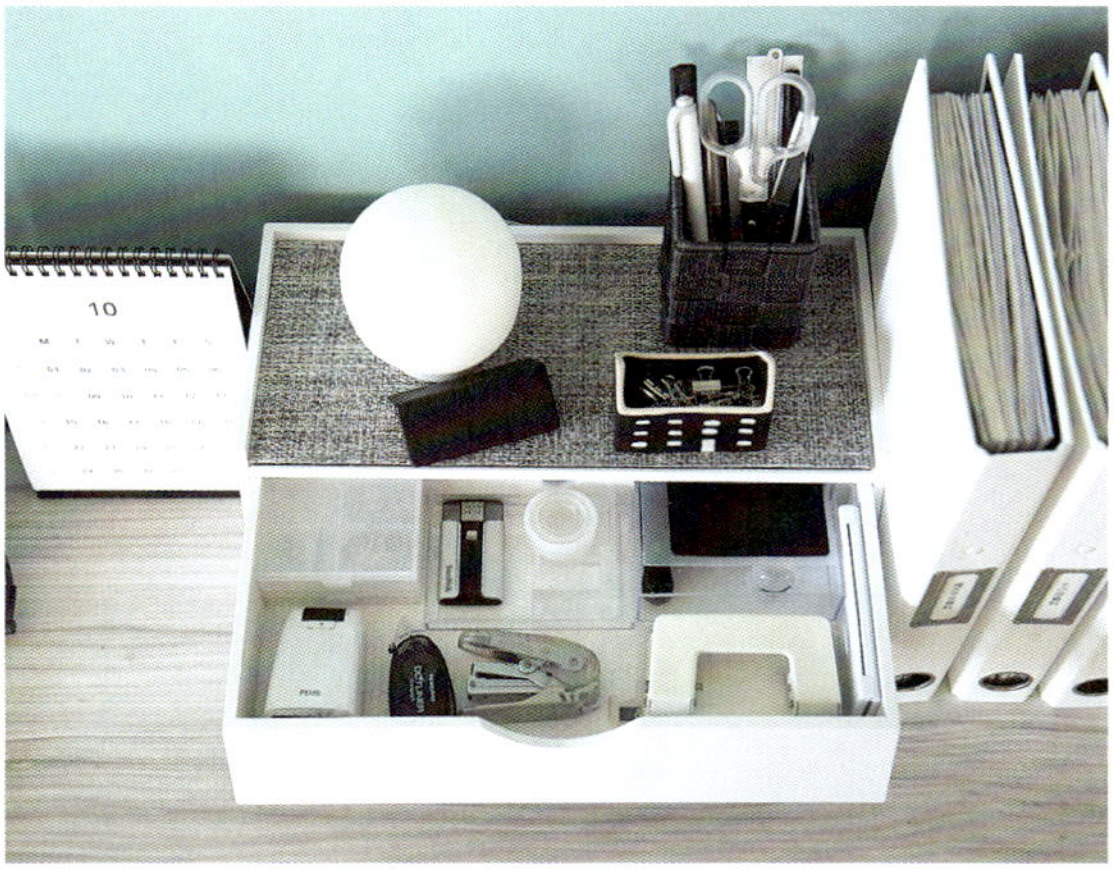

無印良品の文具類が大好物! 特に、軽くとめられるステープラーとスチール2穴パンチの使い心地は最高に満足です。

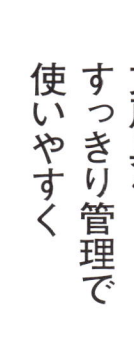

WORK－03

整理収納アドバイザーとしての仕事

私は今、整理収納アドバイザーという仕事をしています。仕事の内容はセミナーで整理収納のコツをお話ししたり、セミナーに参加してくださった方やお客さまにご紹介いただいた方からの個別のご相談を受けたり。最近では整理収納の延長として、店舗の資料作りといった事務的な仕事の依頼も受けるなど、少しずつ幅も広がってきて楽しい毎日！

　仕事をさせていただく上で大事にしているのはお客さまのライフスタイルを把握するだけでなく、ものや、ものを持つこと・持ち方に対しての価値観、現状の暮らしで生まれる感情を大切に扱うことです。さらにお客さまの心のシャッターを気持ちよく開けていただけるような人間力も、積み上げ続けていきたいと思っています。

WORK – 04

骨格診断のプロとワークショップ

骨格診断を受けてから、苦手だった洋服選びが心から楽しめるようになりました。骨格診断を受けると、おしゃれが楽しくなるだけでなく、自分に何が似合って、何が必要なのかが見えてきます。すると、クローゼットの整理も断然ラクになってきます。

おしゃれ上手と片づけ上手って、つながっているんだな。そんなことを感じていたら、私の骨格診断をしてくれたパーソナルイメージアドバイザーの榊原幸子さんからお誘いがあり、一緒に講座を開くことに。「洋服選びも、クローゼットの中もスマートに」がテーマ。スマートなおしゃれ&収納が実現すれば、時間やお金もムダなく、より有効に使えて、日々の暮らし全体がよりスマート&充実していく。そんなふうに思っています。

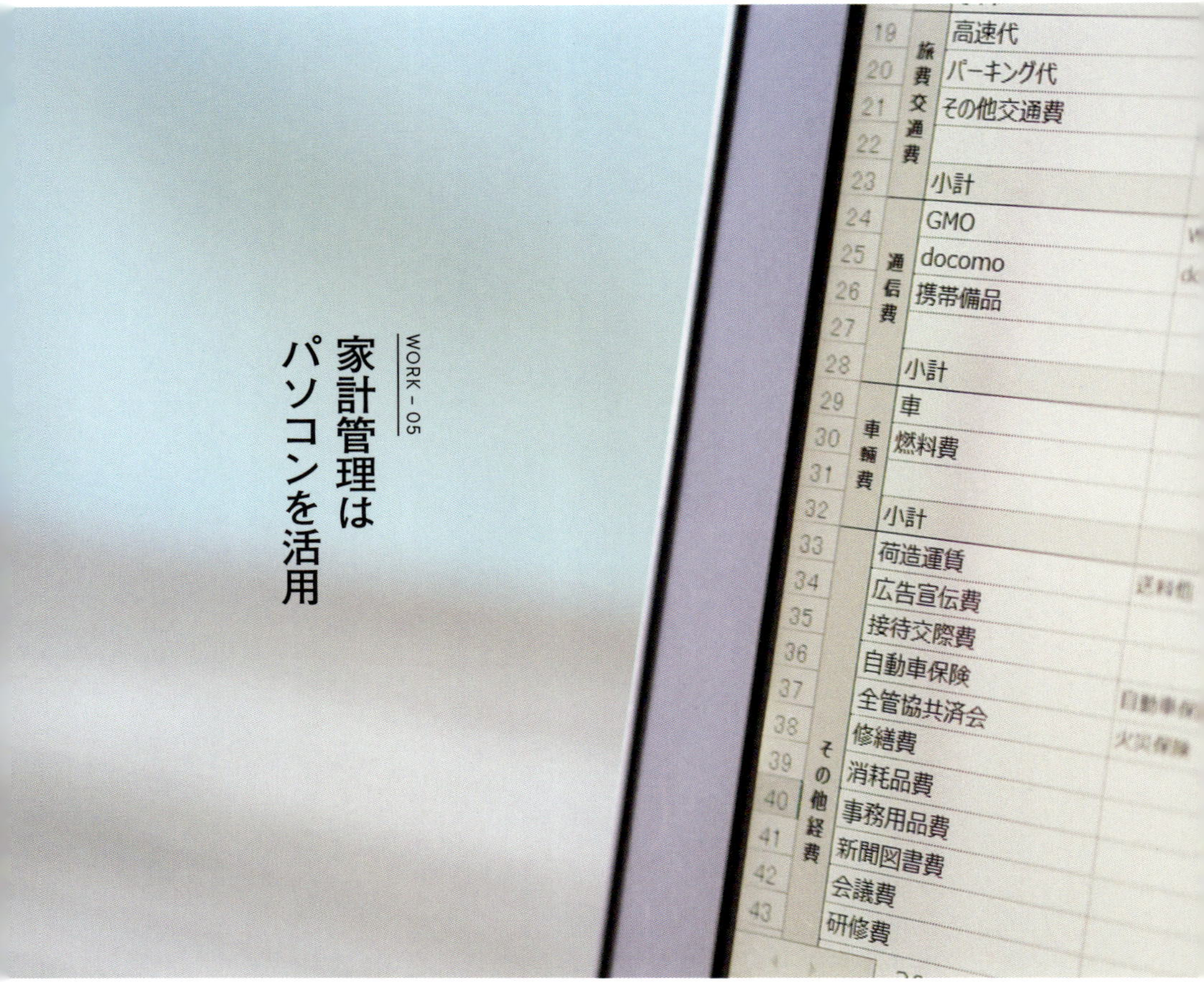

WORK – 05

家計管理はパソコンを活用

小さい頃から、おこづかい帳をつけるのが好きでした。でも、飽きっぽいのがたまにキズ。かわいいノートを見つけると、そちらに繰り越して書きはじめるので、1年間同じノートで収まったことは、確か一度もなかったような気がします。

結婚してからはCOOPの家計簿がお気に入り。1年ごとに1冊1冊増えていくのがうれしくて、ずっと保管していました。しばらくして家計管理はパソコンでするように。手書きよりもずっとラクだし、自分に都合よく作れるし、ノートという「もの」がたまることもありません。仕事に関係のない買い物のレシート、カード払いの明細なども、エクセルの家計簿に入力後は処分しているので、紙もたまらずすっきりです。

WORK – 06

口座もカードも減らして整理

自分に「もしも」のことがあったとき、さまざまな手続きや後処理をお願いするのは娘。できるだけ娘が手間取らずにすむように…という目的から、家用・仕事用・貯蓄用と口座は3つに整理しました。

これらを管理するための通帳ケースを探して探して、ようやく選んだのがこちら。ブースターズの通帳ケースです。10色から選べますが、お金は暗いところが好き…というようなことを聞いたことがあるような…。それはともかく。自分が持っていて落ち着く色・黒を選びました。ここに通帳3冊、カード2枚を収めています。

通帳ピッタリサイズに作られているのでとてもコンパクト。私の場合、「愛用しているお財布ポシェットの中に余裕で入る」ことも重要なチェックポイントでした。

LIFE

生活

母の死をきっかけに、これからのことを考えました

母が亡くなったのは2017年の6月でした。
当時は悲しみに浸る間もなく、
銀行口座の整理、クレジットカードの解約などなど、
いろいろな手続きに追われ、あちこちに連絡をして、走り回り、
気がついたらあっという間に時間が経っていた感じ。
逆にじっとしていたら、もっとしてあげられることがあったのでは…
という思いが押し寄せてくる。
そんな感情をぬぐう思いで、せっせと体を動かしていたような気がします。
でも、実際あれこれと大変でした。
何がどこにあるのかわからず、探すのもひと苦労。

さらにそのあとの処分もひと苦労。
人生の最期を迎えたときの暮らしの後片づけは誰かに委ねざるをえません。
その支度をどのようにしておけばいいのか？
この経験があったからこそ、考えるようになったと思います。
その答えのひとつが、ワンルームでの暮らし。持ち物はこのひと部屋に収まるだけ。
そして、少しずつ少しずつものを減らして身軽になる。
私の場合、旅立ったあとの始末は、娘にお願いすることになります。
そこで、少しでも娘がスムーズに片づけられるように、
書類や大事なものはわかりやすく、まとめておく。
限りなくコンパクトにまとめてあるほうが、手続きも処分も簡単で、
時間も費用もかかりません。
「娘に負担をかけないように」と思ってやっていることは、
結果的にたくさんのものを管理することが苦手な私自身の
暮らしをラクにしてくれることにもつながっているのです。
シンプル、ミニマム、単純明快。
それが何よりだと思う、今日この頃です。

LIFE－01

娘の独立は私の人生の〝功績〟

娘がひとり暮らしを始めたとき、「寂しくなるね」と言われました。でも私はそれよりも「よくぞ決意してくれた」という気持ちでした。それは昔読んだ本に書いてあった、「本来子どもは神様からの預かりもの。親の所有物ではない」ということばが心に残っていたからかも。

娘から「一度はひとり暮らしをしておきたい。ここにいたらラクだけど甘えてしまう」と言われたとき、うれしかったです。自立することに対して前向きになれる娘に成長してくれたことは、私の人生の大きな功績だと思います。そんな娘に、感謝しかありません。

「子育てが一段落したら、何をすればいい？」と聞かれることもよくあります。でも生きがいって、何歳からでも見つけられるし、案外身近にあると思っています。

ブログを始めてから、いるもの・いらないもの、処分するもの・残すものの判断が早くなったように感じます。そして「残す」と決めたものは、なるべくいい状態で保管しておきたい。ものの数が多すぎると、いい状態で保管するのも難しくなるから、本当に残しておきたいものを厳選して、思い出BOXの中へ。

思い出BOXの中には写真、娘が生まれたときに買ったベビードレスのフード（ドレスそのものはきちんと保管していなかったせいで、茶色のシミだらけに…）、保育園時代の連絡帳、昔撮った8ミリをDVDにしたものなど。

保育園の連絡帳は娘の小さな成長の積み重ねがこまやかに記録された大切な宝物。1冊残らず取ってあります。

LIFE－02

娘と自分の思い出BOX

保育園時代の連絡帳、写真、昔の映像（DVD）は何度見直しても、楽しい。当時のことを鮮明に思い出します。

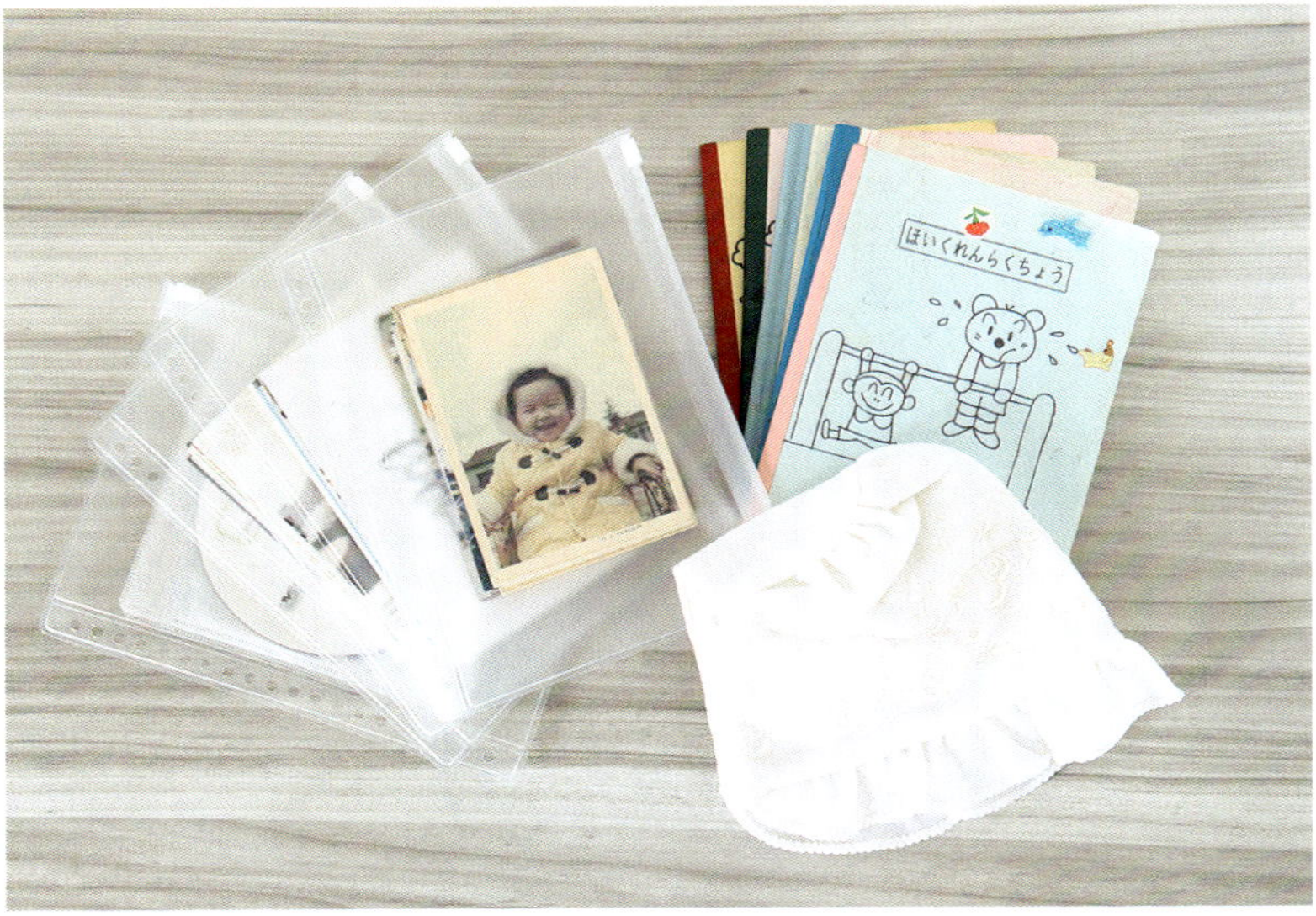

LIFE – 03

1年に1冊作る思い出のフォトブック

子育て時期から振り返ると、かなりたくさんのアルバム作りをしてきました。昔はまだデジカメなんてなかったから、撮った写真の整理も大変。今は撮ったその場でチェックもできるし、お店に行かなくてもプリントできる、焼き増ししなくてもデータで共有できる。何もかも簡単で便利になり、写真の整理も驚くほどラクになりました。

アルバム作りで愛用しているのはPHOTOPRESSOというフォトブックです。1年分、コツコツとiPhone内のフォルダに画像を集めておき、年末にサイトから申し込み。数週間で1冊のフォトブックが届きます。手間もかからず、保管場所も省スペース。毎年1冊ずつ増えるのが楽しみで続けています。

LIFE – 04

私の万が一に備える「もしも時BOX」

生前の母と部屋の整理をしていて、〝不用品〟と判断したものの中に、この茶色の小さなトランクがありました。小さいのに不思議な存在感を放っていて、「処分するのなら、私にちょうだい！」と譲り受け、大事なものを入れて大切に使っています。

母が亡くなったとき、「あの書類はどこなんだろう?」「あれはどこにしまってあるんだろう?」と探しものが多くて、苦労しました。

そこで私に何かあったとき、娘が困らないよう、必要なものをまとめてこのトランクの中へ。名づけて「もしも時BOX」。中に入れるものはちょこちょこアップデートしていますが、今は祖母の形見のお財布、エンディングノートなど。母の形見、今もわが家でしっかりと大切な役割を果たしてくれています。

LIFE - 05

実家の片づけ BEFORE→AFTER

母の病気がわかったとき、実家の片づけをスタート。ものがあふれていて、部屋に入るだけで何かよくないものを吸い込んでいるように感じ、「部屋を片づけてちゃんと掃除できるようになったら、体もラクになるかもよ！」と私。そのときすでに自力では片づけなどできなかった母ですが、私のことばがうれしかったみたい。積極的に持ちものの「いる」「いらない」を判断してくれました。

結構時間はかかったけど、母に聞きながら、ものをひとつひとつ振り分けていく作業。今振り返ると、母と向き合ういい時間だったと思います。

母が亡くなってからしばらくの間、手をつける気持ちになれず…。最近、ようやく再開できましたが、実家の片づけはまだ継続中です。

LIFE－06

ひとりだからこそ、防災グッズはしっかり準備

買ったことで安心してしまいがちな防災セット。実際に背負ってベルトの調整をすませています。

天災はいつどこで起こるか予測がつきません。台風、大雨、地震、火山の噴火に津波など、毎年のようにどこかで被災されている方がいる…。そう考えると、自分の身はできる限り自分で守る、最低限の備えはしなくては、と強く思います。ましてや、ひとり暮らしなわけですから。

とはいえ、大きな災害にあったことがないということもあり、防災意識は低かったと思います。生来のんびりやというか、後回し癖の性分のせいで、本格的な防災セットを備えたのは2013年6月のことでした。

左端にある防災セット（地震対策30点避難セット）は楽天で購入したもの。非常食は消費期限があるので、定期的にチェック&買い替えています。

東　日本大震災をはじめ、国内で多くの災害が起こり、その悲惨さ、その後の大変さがたくさん伝えられているにもかかわらず、「備えておかなければと思いながら、何を準備したらいいかわからない」と思っていた私。そんな私の背中を押してくれたのが、ある方のブログ。『家が凶器になった』ということばで、ようやくスイッチが入りました。

そしてネットであれこれ検索して見つけたのが、白いリュックの防災セット。実際に被災された方の声が生かされていること、リュック自体にもいろいろな工夫がなされていながら、どこに置いていてもおさまりのいい形だったことが決め手に。セットに入っていた非常食は消費期限が切れたので、代わりの非常食を入れています。

2

1

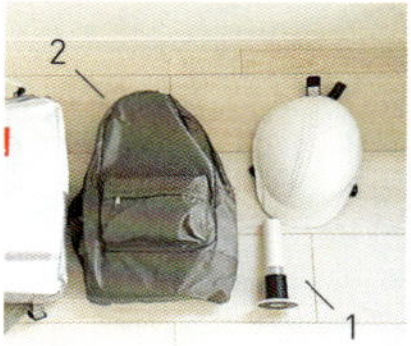

1 懐中電灯には見えないデザインが気に入ったrcubeトーチライト。
2 購入先がバラバラの長靴、靴下、手袋は近所の雑貨屋さんで買ったリュックにまとめて入れています。

1 栄養機能食品（バランスパワービッグ） 2 プラスチック製の食品容器 3 水のいらないシャンプー 4 非常用ローソク 5 マッチ 6 救急ポーチ 7 粘着テープ 8 アルミホイル 9 ラップ 10 スリッパ 11 レインコート 12 除菌シート 13 マルチツール 14 カイロ 15 非常用給水袋 16 レスキューシート 17 ゴミ袋 18 飲料水 19 簡易用トイレ 20 空気枕・アイマスク・耳栓 21 マスク 22 食品加熱袋・発熱剤 23 レジャーシート 24 レインコート 25 三角巾 26 軍手　このうち、自分で買い足したものは、ラップ・アルミホイル・ゴミ袋・除菌シート・絆創膏・薬など。携帯の充電ができるセットも入っていたのですがiPhone用のものが足りなかったので追加しました（現在販売中のものには入っているようです）。

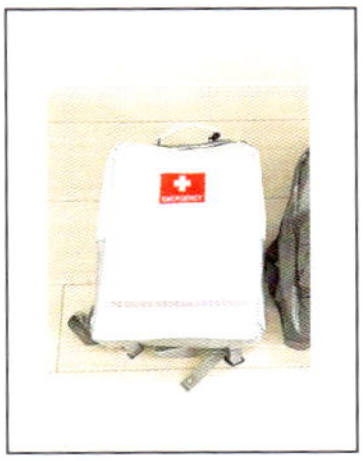

おわりに

人生100年という現代では、40代の私なんて、まだまだ未完成。

それでも若い頃の自分と比べると、
少しは成長したというか、変われたと感じることがいくつもあります。

たとえば。

20～30代の頃の私は、「人のせい」にすることが多かったように思います。

「○○が○○してくれていたら、こうならなかったのに」。

そうやって自分をラクにするための逃げ道をつくっていただけ。

「まわりに喜んでもらいたいから、私はこうしよう」

「…ここで私が踏んばっておけば、みんなはラクになる」

そんなふうに理由づけをして、
自分の本当の思いを伝える勇気がないことをごまかしていただけ。

そんな私が少しずつ変化しはじめたのは、

やはりシングルマザーになったことが大きかったと思います
さらに変化に弾みをつけたのは、約8年前に始めたブログの存在です。
ブログを始めたからこその出会いは、数えきれないほどたくさん！
記事を読み、あたたかいメッセージを届けてくださったみなさま、
短所も含めて理解し、信頼してくれている友人たち、
ベストな距離感で見守ってくれる家族。
そのおかげで今、私はここに私らしく存在することができるようになり、
私らしい暮らし方を「本」という形にまとめることができました。

今回の出版にあたって、私のような凡人に可能性を見出してくださり、
小さな住まいに輝きを加えてくださったスタッフのみなさまに感謝します。
そして最後に。
この本はブログ *Little Home* を日々訪れてくださっている
みなさまがあってこそ、誕生した1冊です。
言葉では言いつくせない感謝の思い、
手に取ってくださったみなさまに伝われば幸いです。心よりお礼申し上げます。

STAFF
アートディレクション：川村哲司（atmosphere ltd.）
デザイン：長谷川圭介（atmosphere ltd.）
撮影：黒澤俊宏（主婦の友社）、coyuki
間取りイラスト：紅鮭色子
編集協力：植田晴美
編集担当：三橋祐子（主婦の友社）

ラクに、すっきり、自分《じぶん》らしく
大人《おとな》の小《ちい》さなひとり暮《ぐ》らし

平成31年2月20日　第1刷発行

著　者　coyuki《コユキ》
発行者　矢﨑謙三
発行所　株式会社主婦の友社
〒101-8911
東京都千代田区神田駿河台2-9
☎03-5280-7537（編集）
☎03-5280-7551（販売）
印刷所　大日本印刷株式会社

ISBN 978-4-07-433970-9

coyuki コユキ

愛媛県在住のブロガー。整理収納アドバイザー。2004年にシングルマザーとなり娘との生活が始まる。2011年から始めたブログ「*Little Home*」においてコンパクトな賃貸マンションでの暮らしぶりを綴ったところ人気を呼び、ランキングサイトでは常に上位に。月間PV数は160万を超えることも。書籍、雑誌などにも掲載多数。娘の独立を機にワンルームマンションに引っ越し、さらにコンパクトな暮らしに。現在は整理収納アドバイザーとしてセミナーや個人宅へのアドバイスを行っている。

ブログ *Little Home*
http://littlehome.blog.jp/
インスタグラム　coy_uki